O PODER E O IMPACTO DE UMA VISÃO

MARCELO BIGARDI

O PODER E O IMPACTO DE UMA VISÃO

O ALFABETO DE UM LÍDER

THOMAS NELSON
BRASIL

Copyright © 2018, Marcelo Bigardi

Todos os direitos desta publicação são reservados por Vida Melhor Editora, LTDA.
As citações bíblicas são da *Nova Versão Internacional* (NVI), da Bíblica, Inc., a menos que seja especificada outra versão da Bíblia Sagrada.

Os pontos de vista desta obra são de responsabilidade de seus autores, não refletindo necessariamente a posição da Thomas Nelson Brasil, da HarperCollins Christian Publishing ou de sua equipe editorial.

Gerente editorial	*Samuel Coto*
Editor	*André Lodos Tangerino*
Assistente editorial	*Bruna Gomes*
Preparação de texto	*Jean Carlos Xavier*
Revisão	*Gisele Múfalo, Francine Souza*
	e Fábio Ricardo Gioppo
Projeto gráfico e diagramação	*Sonia Peticov*
Capa	*Rafael Brum*

CIP-BRASIL. CATALOGAÇÃO NA FONTE
SINDICATO NACIONAL DOS EDITORES DE LIVROS, RJ

B49p

Bigardi, Marcelo
 O poder e o impacto de uma visão: o alfabeto de um líder / Marcelo Bigardi. — 1. ed. — Rio de Janeiro: Thomas Nelson Brasil, 2018.
 224 p. ; 23 cm.

 ISBN 978-85-7860-849-1

 1. Executivos — Treinamento. 2. Liderança. 3. Administração de pessoal. I. Título.

18-50853
CDD: 658.4092
CDU: 005.322:316.46

Thomas Nelson Brasil é uma marca licenciada à Vida Melhor Editora, LTDA.

Todos os direitos reservados à Vida Melhor Editora LTDA.
Rua da Quitanda, 86, sala 218 — Centro
Rio de Janeiro — RJ — CEP 20091-005
Tel.: (21) 3175-1030
www.thomasnelson.com.br

| **S**umário |

Prefácio | 7
Introdução | 11

1. A visão determina o **ABC** de um líder | 15
2. A visão determina seu **Estado emocional** | 29
3. A visão determina sua **Fidelidade** ao propósito | 37
4. A visão determina seu nível de **Gratidão** e de **Humildade** | 41
5. A visão determina sua **Inteligência emocional** | 47
6. A visão determina seu **Jantar** | 55
7. A visão determina o nível de **K (potássio)** em sua vida | 59
8. A visão determina seu **Legado** | 71
9. A visão determina a **Maturidade** diante da sua **Missão** | 79
10. A visão determina o **"Norte"** de sua vida | 91
11. A visão determina sua **Opinião** e sua **Originalidade** | 103
12. Toda visão vem de um **Propósito** que tem um **Processo** e exige nossa **Participação** | 111
13. A visão determina sua **Qualidade** de vida | 125
14. A visão determina seus **Resultados** | 135
15. A visão determina sua **Saúde Mental** | 143

16. A visão determina o **Tempo** investido em seu **Talento** | 151

17. A visão determina sua **Utilidade** | 163

18. A visão determina sua **Vida útil** | 175

19. A visão determina sua **Vida** e seus **Valores** | 185

20. A visão determina o **Xadrez** de sua vida | 195

21. A visão determina seu relacionamento com **YAHWEH** | 201

22. A visão determina sua **Zona de atuação** | 209

Considerações finais | 217

| **P**refácio |

Atualmente, **liderança** é um dos temas mais importantes a serem trabalhados, afinal, como cita o autor John Maxwell: "tudo começa e termina em liderança". Partindo dessa premissa, esse assunto se torna um dos principais temas não só para nós como indivíduos, mas também como caminho para uma mudança positiva para todos os brasileiros.

A liderança nos leva a um modelo, a um referencial, a um líder. Apesar de vivermos em um país de proporções continentais, infelizmente não temos, atualmente, grandes referenciais de liderança. Se pudéssemos citar, teríamos poucos atores nesse cenário de liderança e, quem sabe apontaríamos alguns políticos, atletas ou técnicos esportivos, ou ainda um líder religioso. No entanto, em geral não existiria um consenso entre os possíveis citados, tampouco um número elevado de líderes.

Infelizmente, o tema liderança, influência, e a intenção de direcionar ou conduzir um indivíduo ou grupo para a realização de uma tarefa, agregando valores não é trabalho fácil. Por isso, talvez, é que seja muito pouco discutido esse assunto — tanto nas escolas, quanto no meio acadêmico ou nas empresas, bem como no serviço público. Essa falta de intencionalidade gera uma distância muito grande entre o que é a realidade de um líder e a prática efetiva da liderança. Além disso, as crenças limitantes de que líderes já nascem prontos, ou de que alguém que diz "nunca serei um líder", ou mesmo por outros que se indagam por que precisariam saber sobre o assunto, tudo isso se coloca como barreiras para o desenvolvimento de líderes que possam mudar os rumos de nosso país ou do grupo do qual fazemos parte.

Este livro de liderança, escrito por Marcelo Bigardi, tem a intenção de abordar o desenvolvimento de líderes e vai tratar desse assunto tão importante de uma forma direta, simples e muito prática. Afinal, se a liderança pode ser desenvolvida, é certo que todos nós ainda podemos crescer muito nessa área.

Entre outros motivos, recomendo este livro, de maneira muito especial, porque o autor é um verdadeiro líder, alguém que estuda, ama e exerce liderança de qualidade todos os dias, tendo obtido excelentes resultados! Além de atleta premiado, ele também é pastor, e para quem não sabe, os ministros religiosos precisam ser líderes excepcionais. Ele é Pastor da Igreja Evangélica Bola de Neve, responsável pelas Igrejas da denominação no Paraná, no Paraguai e na Colômbia, empresário, escritor, alguém que gosta de cuidar de sua saúde e ainda tem tempo para cuidar (bem!) de uma esposa e quatro filhos.

O crescimento individual, no que diz respeito à liderança, deve ser uma escolha diária, pessoal e importantíssima. É preciso um compromisso de manter-se sempre motivado e disposto a aprender e compartilhar de seu aprendizado com sua equipe e liderados. É preciso desenvolver não apenas pessoas capazes de executar tarefas, mas dispostas a contribuir para algo maior e que agregue valores ao grupo, a todos os colaboradores, funcionários e pessoas atingidas pela atuação do time ou equipe. É preciso, por sinal, ser um formador de novos líderes, e isso o autor faz de forma magistral.

Com toda a certeza, você verá nesta obra princípios práticos e de fácil aplicação para sua vida. Discorrendo sobre o maior número de possibilidades imagináveis, o Pastor Bigardi nos traz uma explanação reflexiva, simples e profunda ao mesmo tempo. Fácil de entender, e profunda em termos de conteúdo. Esse é um trabalho raro, portanto, merece não só aplauso, mas principalmente leitura.

Enfim, tenho certeza de que este livro vai contribuir para seu desenvolvimento como líder! Então, vamos em frente! Desejo uma boa leitura. Aproveite!

Dr. William Douglas
Juiz Federal/RJ, professor universitário e escritor
de diversas obras nas áreas jurídica, desenvolvimento
pessoal e relacionadas a concursos públicos.

| Introdução |

A atitude faz toda a diferença e é fruto de uma decisão. Para esclarecer, tomemos como exemplo a situação de um pai e dois filhos: esse pai dá o mesmo tratamento aos dois, o mesmo amor, a mesma atenção e proporciona a eles as mesmas oportunidades. No entanto, um dos filhos se torna bem-sucedido e o outro não. Isso nos remete à seguinte pergunta: de quem é a **culpa?** A resposta deve ser: se os dois filhos tivessem se dado mal na vida, poderíamos dizer que a culpa **é da fonte** (nesse caso, o pai); contudo, esse não é o caso, uma vez que ambos receberam o mesmo tratamento e tiveram as mesmas oportunidades. Na verdade, o fator determinante do sucesso ou insucesso está nas escolhas dos filhos, isto é, a maneira como eles decidiram utilizar aquilo que receberam e onde resolveram concentrar suas forças.

Na vida, bem como nos relacionamentos sociais, encontramos tanto pessoas que vivem felizes, animadas e motivadas quanto aquelas que, constantemente, estão desanimadas e frustradas. E quando paramos para analisar, percebemos que tais pessoas tiveram as mesmas oportunidades, mas fizeram escolhas diferentes e colheram determinados resultados.

Assim, podemos concluir que determinadas mudanças e resultados só serão conquistados quando aplicarmos o que temos aprendido e, quando tomarmos uma atitude, pois sem ela, jamais conseguiremos ter disciplina.

Acredito que a visão é uma das maiores armas que um líder pode obter em sua vida, pois geralmente nos transformamos naquilo que vemos. Para usar uma metáfora, podemos dizer que é essa diferença entre a águia e a galinha, pois, enquanto a **águia sempre tem o olhar para cima e está buscando voar mais alto, a galinha está sempre olhando para baixo** e alimentando-se do que dão a ela. Nesse sentido, vale ressaltar que precisamos nos enxergar através da lente de Deus, o que significa que não sou o que dizem que sou, mas sim o que Deus diz que eu sou. Nesse aspecto, a visão é tão importante que vem antes da vista.

A Bíblia nos conta a história de 12 pessoas que foram espiar a terra prometida, e, quando voltaram, Moisés lhes perguntou: "O que vocês viram?" Enquanto dez disseram que haviam visto os gigantes, dois disseram que haviam visto os frutos daquela terra; enquanto dez disseram que se viam como insetos, dois disseram que se viam mais fortes que seus inimigos; enquanto dez olharam para o Egito e contaminaram uma multidão com o retrocesso, dois olharam para a nova terra, cheia de oportunidades. Em outras palavras, apenas dois acabaram entrando na terra prometida porque tiveram uma atitude diferente diante daquilo que viram.

Quando sua visão está alinhada com o propósito de Deus para você, ela protegerá seu ambiente e sua vida, mas é importante ressaltar que a visão anda de mãos dadas com a atitude.

Para ilustrar isso, vamos para outro exemplo: enquanto a águia sempre almeja voar mais alto e não se amedronta com as nuvens nem com as tempestades, o leão, por sua vez, tem uma atitude impressionante; ele sabe que não é o maior animal da floresta, nem o mais forte, muito menos o mais alto — aliás, se o compararmos com o elefante, há uma diferença enorme de força e tamanho entre eles. Mas a pergunta é: por que o elefante, mesmo sendo mais forte e maior que o leão, não é o Rei da floresta? A resposta a essa pergunta é bem simples: por causa da atitude. Quando um elefante vê o leão chegando, ele se esquece de quem é e pensa: "Lá vem o rei! Se eu não fugir, ele vai me matar e me comer!"; por outro lado, quando o leão vê o elefante, ele ignora seu tamanho e força e pensa: "Lá está meu jantar!"

Você, leitor, tem em suas mãos um livro que poderá ajudá-lo muito, pois se trata do poder da visão e do impacto que ela pode causar na vida de uma pessoa que tem a atitude de aplicar todos os ensinamentos obtidos nele. Sendo assim, desejo que este livro possa ser um instrumento de Deus em sua vida para o ajudar a chegar ao seu potencial máximo em Deus.

MARCELO BIGARDI

capítulo | **1** |

A VISÃO DETERMINA O **ABC** dE UM LÍDER

Sempre falo que, como líderes, precisamos saber para onde estamos indo, pois ninguém segue um líder que não sabe para onde vai. A **visão** é uma das ferramentas mais valiosas que um líder possui, por isso é tão importante respondermos algumas perguntas, como "para onde estamos indo?"; "para onde nosso ministério caminha?"; "para onde nossos casamentos estão indo?"; e "para onde nossa saúde está nos levando?"

| A **visão** é uma das ferramentas mais valiosas que o líder possui. |

A visão é importante, porque sem ela, acomodamo-nos em qualquer lugar; nesse sentido, podemos dizer que um líder sábio entende que não pode desperdiçar seus dias, suas horas, seus minutos naquilo que não seja seu chamado, seu propósito. Em outras palavras, os líderes cristãos precisam entender que Deus, quando os desenhou, deu uma visão a cada um de nós: "Os teus olhos viram o meu embrião; todos os dias determinados para mim foram escritos no teu livro antes de qualquer deles existir" (Salmo 139:16).

Se Deus tem uma visão específica para nossas vidas, isso significa que o mapa do tesouro está nas mãos dele; sendo assim, quanto mais próximo estivermos dele, mais claro ficará esse mapa. Acredito que, quando uma pessoa enxerga esse mapa, a **frustração** já não é algo presente em sua vida; é claro que haverá dias difíceis, mas eles jamais serão frustrantes. Por quê? Porque Deus sempre age da melhor maneira e, quando estamos nele, ele nos guiará para que não tropecemos pelo caminho; em outras palavras, Deus nos preparará para que não andemos perdidos e sem rumo.

Quando você encontrar esse mapa, receberá uma visão, e, então, terá de mergulhar, jogar-se nela e servi-la, pois os verdadeiros líderes servem a uma visão, que é o que Deus tem para nossas vidas e demonstra a importância do nosso futuro. Por outro lado, quando não temos objetivos definidos, muitas indagações acabam surgindo, e isso não é o que Deus espera de nós. Sobre isso, a Bíblia nos orienta: "Procure apresentar-se a Deus aprovado, como obreiro que não tem do que se envergonhar e que maneja corretamente a palavra da verdade" (2Timóteo 2:15); também: "Antes, santifiquem Cristo como Senhor em seu coração. Estejam sempre preparados para responder a qualquer pessoa que lhes pedir a razão da esperança que há em vocês" (1Pedro 3.15).

Ter uma Visão é um assunto tão sério, pois ela determina o ABC de um líder. Quero fazer esse estudo com você e pedir para que não se esqueça da introdução, onde comentei que a diferença em sua vida só acontecerá se você aplicar cada lição que terá a partir de agora.

Vamos começar a aventura.

A visão determina suas AMIZADES

Quando você sabe aonde quer chegar, acaba tendo mais cuidado com as pessoas que estão ao seu redor. Para entender melhor o que estou querendo dizer, responda a esta simples pergunta: quem tem acesso à sua intimidade e ao seu coração?

Levando em consideração que a vida é feita de relacionamentos, é importante que você escolha com muito critério quem fará parte da sua intimidade, porque esses relacionamentos são como botões de um elevador — isto é, alguns o levarão para cima, mas a maioria o levará para baixo. Ainda que você não se dê conta disso, é fato que todos os seus relacionamentos o levarão a algum lugar — na realidade, os relacionamentos que você construiu até hoje o transformaram em quem você é.

Isso é respaldado por uma lei da liderança chamada **lei da concordância**, que diz que é impossível conviver com alguém cujos valores sejam divergentes dos nossos, e a própria Bíblia corrobora essa ideia, questionando se "Duas pessoas andarão juntas se não estiverem de acordo?" (Amós 3:3).

> A **lei da concordância** diz que é impossível conviver com pessoas cujos valores sejam divergentes dos nossos.

É importante que, antes de se relacionar com alguém, você procure saber que tipos de valores elas possuem (e vivem); por exemplo, veja se elas são honestas e se andam de maneira íntegra, pois a qualidade de sua vida (e de seus relacionamentos) sempre dependerá de quem você chama de amigo. Nesse sentido, é importante que você olhe para as pessoas com quem se relaciona e verifique se possuem essas características e se realmente são pessoas que o levarão para cima. Se não forem, é bom você rever seus relacionamentos, pois, como dizem, quando as pessoas erradas deixam de fazer parte da nossa vida, coisas erradas param de acontecer. Então, é bom mesmo refletir sobre isso.

No entanto, é impossível ter apenas relacionamentos perfeitos. O que precisa ficar claro é que toda amizade incomum atrairá uma inimizade incomum, pois todo jardim terá uma serpente. Assim, nosso papel é saber discernir quem são essas serpentes em nossas vidas. Por esse motivo, mais uma vez reforço que é muito importante que você avalie quais valores essas pessoas vivem antes de seguir em seu relacionamento com elas, lembrando-se de que pessoas que o induzem tomar atitudes que vão contra seus princípios não podem ser chamadas de **amigas** — na verdade, tais pessoas são **inimigas**.

> Pessoas que o induzem a tomar atitudes que vão contra seus princípios não são seus **amigos**, e sim seus **inimigos**.

Tenha em mente que, se deseja ter os relacionamentos corretos, não pode ficar esperando que eles venham até você; pelo contrário, deve buscá-los e, enquanto busca, sempre tente responder a perguntas como: "Qual é o propósito da vida dessa pessoa?"; "qual sua motivação para viver?"; "a quem ela procura agradar?". Quando você se preocupa em responder perguntas como essas, certamente as respostas lhe dirão se deve ir em frente ou se deve parar de investir no relacionamento.

Agir desse modo o ensinará a investir em relacionamentos com pessoas de caráter, pois não há atributo maior do que a integridade. Nesse sentido, certifique-se de que aqueles a quem você estima valorizam a integridade mais que os relacionamentos, porque estes devem servir a um propósito maior do que a simples satisfação de interesses das partes envolvidas. Sendo assim, quando você estiver com pessoas que considera preciosas, seu objetivo não pode ser relaxar e divertir-se, mas sim agregar valor à vida delas e edificá-las, pois, "Assim como o ferro afia o ferro, o homem afia o seu companheiro" (Provérbios 27:17).

Para exemplificar essa questão, vamos recorrer à história de Adão e Eva: Adão, para agradar sua esposa, comprometeu sua integridade e permitiu que seu compromisso com ela ofuscasse seu dever de fazer o que era correto; como resultado, ambos foram expulsos do Paraíso e sofreram as duras consequências de não se manterem fiéis ao seu propósito. Outro exemplo é Davi, que colocou sua integridade em risco para viver alguns momentos de prazer com Bate-Seba, o que lhe gerou consequências gravíssimas no meio de sua família, as quais lhe trariam grande dor e sofrimento. O que essas passagens nos ensinam é que, se desejarmos apenas a gratificação a curto prazo, corremos o risco de perder o tesouro que já temos (no caso de Adão e Eva, perderam não apenas o direito de viver no Paraíso, mas também sua comunhão e intimidade com Deus; já Davi perdeu a harmonia de sua família e também um filho). Além disso, Davi, ao final de sua vida, acabou sozinho, tudo isso consequência de uma atitude impensada para viver um prazer imediato e momentâneo:

> Quando o rei Davi envelheceu, estando já de idade bem avançada, cobriam-no de cobertores, mas ele não se aquecia. Por isso os seus servos lhe propuseram: "Vamos procurar uma jovem virgem para servir e cuidar do rei. Ela se deitará ao seu lado, a fim de aquecer o rei". Então procuraram em todo o território de Israel uma jovem que fosse bonita e encontraram Abisague, uma sunamita, e a levaram ao rei. A jovem, muito bonita, cuidava do rei e o servia, mas o rei não teve relações com ela (1Reis 1:1-4).

É interessante notar o que diz esse versículo: Davi teve algumas mulheres, mas nenhuma esteve com ele na sua velhice.

Outro caso de escolha errada é o de Sansão, que pôs em risco seu relacionamento com Deus por causa de uma mulher: o resultado é que, mesmo tendo conquistado Dalila, Sansão acabou perdendo a vida. Sendo assim, tenha em mente sempre que, se deseja preservar algo e isso coloca em risco sua integridade, é bem provável que você perderá algo bem maior.

É importante ressaltar que temos exemplos positivos, sendo o maior de todos o de Jesus, que se recusou a comprometer sua

Integridade e agradou a Deus em tudo o que fez. Mesmo sabendo que sofreria por seguir o caminho correto, manteve-se firme em suas ações e glorificou o Pai em tudo; como consequência de sua fidelidade, ele foi exaltado à destra de Deus, onde reina absoluto até hoje.

De maneira geral, quero demonstrar que você deve evitar ao máximo se relacionar com pessoas erradas. Neste momento, você pode estar se perguntando: como eu consigo saber quem são as pessoas erradas? A resposta a isso é bem simples: além do que já foi exposto nesse capítulo (isto é, as perguntas que você deve fazer a si mesmo sobre seus relacionamentos), você perceberá que as pessoas erradas são aquelas que exigem de você algo que não estão dispostas a dar. Explico: uma pessoa que exige lealdade de você, mas demonstra o contrário; ou, então, alguém que lhe pede para ser honesto, mas demonstra total desonestidade com você; ou, ainda, alguém que exige que você ame, mas o trata com indiferença. Esses e outros comportamentos lhe darão o sinal de que tais pessoas não lhe trarão alegrias em seu relacionamento.

Infelizmente, ainda há muitas pessoas de bens sendo destruídas por se tornarem reféns de relacionamentos com pessoas aproveitadoras que as levam a comprometer sua integridade em troca de uma falsa amizade. No entanto, a Bíblia nos alerta sobre isso: Não se deixem enganar: "As más companhias corrompem os bons costumes" (1Coríntios 15:33).

Por fim, não seja ingênuo a ponto de pensar que podemos mudar as pessoas sem mudar seus alicerces. Além disso, é importante que você identifique se essa pessoa com que deseja se relacionar está presa ao passado (ou seja, aquela pessoa que se lembra do passado o tempo todo), pois esse tipo de pessoa, com o tempo, se torna um verdadeiro fardo; em vez disso, procure pessoas com planos promissores e possuem uma visão focada na vida e no futuro, pois são elas que lhe abrirão portas no futuro.

Em contrapartida, jamais faça seus amigos do presente pagarem pela dor que outros lhe causaram no passado; e se alguém insistir em arrastá-lo ao seu passado, a melhor coisa a fazer é abandonar esse relacionamento. Esse processo pode até ser doloroso, mas com certeza é melhor do que manter esse relacionamento tóxico. E mais: antes de entrar em um relacionamento, pense se pode se comprometer; se não puder, então nem se envolva.

A visão determina sua BIBLIOTECA

Atualmente, estamos todos muito atarefados e temos de pensar em milhares de coisas por minuto, pois exercemos muitas funções; nesse sentido, o líder que tem visão e sabe aonde quer chegar entende que seu tempo é precioso e, por esse motivo, precisa saber administrar o dia. Você precisa entender que, assim como seu tempo vale ouro, sua biblioteca também vale — e, quando falo de biblioteca, estou falando de tudo o que você coloca diante de seus olhos. As informações que você lerá neste tópico são assustadoras.

Sou uma pessoa que viaja muito e, por onde passo, percebo que a maioria das pessoas estão com os olhos fixos em seus *smartphones* verificando o que acontece nas redes sociais e trocando mensagens.

Uma pesquisa realizada pela Global Index[1] em 2015 apontou que o brasileiro fica conectado em média 3 horas e 40 minutos todos os dias (em 2012, o tempo médio era 1 hora e 29 minutos), isso coloca o Brasil no terceiro lugar do ranking das pessoas que ficam mais tempo conectadas, perdendo apenas para Arábia Saudita e Tailândia. Na sala de espera dos aeroportos, no supermercado, nos shoppings, nas ruas (ou seja, em todos os lugares) é comum ver as pessoas olhando para a tela dos seus celulares). Estranho hoje é encontrar alguém lendo um livro. Você pode até dizer que hoje temos os *e-books*, o que é verdade, mas vamos ser sinceros: acha

---

[1] Pesquisa disponível em: <https://blog.globalwebindex.com/chart-of-the-day/fast-growth-nations-clock-up-the-most-hours-for-mobile-web-usage/>.

mesmo que as pessoas estão lendo livros no celular? Pode ser que uma parte pequena sim, mas grande maioria, não. Não vejo problema em as pessoas estarem conectadas às suas redes sociais e trocando mensagens, desde que tenham controle de sua agenda e que isso não tome a maior parte de seu dia. Em outras palavras, o que não pode acontecer é permitir que esses acessos à rede o impeça de investir naquilo que realmente é importante.

Acredito que toda visão tem um preço: por exemplo, um aluno de medicina precisa se dedicar à leitura de livros que o levarão a ser o médico que ele sonha em ser. No nosso caso, o princípio é o mesmo, ou seja, não posso cumprir uma visão se passo a maior parte do meu dia investindo em leituras que não agregam valor a esse chamado. Como a própria Bíblia alerta, "Meu povo foi destruído por falta de conhecimento [...]" (Oseias 4:6).

Todos nós temos consciência de que a ignorância custa caro, portanto, se você deseja ser um líder eficaz, precisa entender que será um eterno aprendiz, pois quem para de aprender para de crescer. Somos chamados por Deus a investir no crescimento e amadurecimento de nossas vidas. Sabemos que a estagnação tem levado muitas pessoas talentosas a se frustrarem. Por quê? Simplesmente porque elas se acostumaram com uma situação, esquecendo-se de que não devemos nos acomodar em nossa zona de conforto. Converse com um líder que sabe aonde quer chegar e com outro que está meio perdido no caminho e veja a biblioteca de ambos, pois ela demonstrará claramente porque um está avançando em sua carreira, enquanto o outro está estagnado.

A visão determina sua CONDUTA

Quero começar este tópico com a seguinte frase: "Você não pode esconder quem é!". Acredito que sua real identidade seja revelada no seu dia a dia, principalmente quando a vida lhe dá uma apertada. Costumo dizer que, se alguém quiser conhecer um homem, deve ir até um jogo de futebol em que ele esteja jogando e observar como ele reage após uma entrada dura do adversário. O mesmo princípio pode ser aplicado às mulheres: se você realmente quiser conhecer uma, deve observar sua postura após alguém esconder sua chapinha antes de ela sair — é claro que, mesmo sendo uma brincadeira, o princípio é válido.

Muitas pessoas confundem **carisma** com **talento**, mas é importante entender essa diferença: carisma é uma qualidade inata de encantar, persuadir e fascinar outro indivíduo, ao passo que talento é uma habilidade, uma aptidão espontânea para algo, que atinge sua plenitude por meio de treino, disciplina e perseverança. Mas, segundo John Maxwell, "talento não é tudo!"; na verdade, Deus tem procurado pessoas de **caráter**, o que é demonstrado por meio da conduta demonstrará isso, não das palavras. Hoje existem muitas pessoas que até falam bem, contudo, seu dia a dia demonstra incoerência — em outras palavras, suas ações não refletem seu discurso. Quando você sabe aonde quer chegar, começa a cuidar das pequenas coisas, pois sua visão determinará seu estilo de vida; isso significa que, se quero alcançar determinada posição, preciso começar a pensar igual às pessoas que estão naquela posição, e isso demandará muito esforço da minha parte, pois ter uma mudança de conduta envolve a prática de pequenas atitudes diariamente.

> Carisma é uma qualidade inata de encantar, persuadir e fascinar outro indivíduo, ao passo que talento é uma habilidade que atinge sua plenitude por meio de treino, disciplina e perseverança; todavia, o que Deus mais procura são pessoas de caráter.

Lembro-me de quando quis me mudar para Curitiba em 1994. Na época, não tinha o costume de guardar qualquer embalagem de bala no bolso e descartá-la em um cesto de lixo mais tarde (envergonho-me disso, mas assumo que era assim); no entanto, disseram-me que, se eu realmente quisesse me mudar para Curitiba, precisaria mudar esse hábito, pois lá as pessoas agiam de modo diferente. Então, eu me lembro de que havia pensado: "Puxa, se quero ser um cidadão curitibano, preciso começar a agir como eles, mesmo morando hoje a 400 quilômetros de distância" — em outras palavras, tive de começar a mudar meus hábitos mesmo ainda não tendo me mudado para lá, e isso é uma questão de caráter.

Sobre essa questão, a Bíblia diz algo interessante: "Portanto, somos **embaixadores** de Cristo [...]" (1Coríntios 5:20). O trabalho de um embaixador é representar o país que o enviou, então, se somos embaixadores de Cristo, a ideia é que representemos Seu Reino aqui na terra, por isso, quando o assunto é ser exemplo, a responsabilidade aumenta. Para ficar mais claro, pense no seguinte: quando alguém quer experimentar a culinária japonesa, não precisa ir até o Japão; ele pode simplesmente ir a um restaurante japonês.

> Somos **embaixadores** de Cristo na Terra, o que nos torna responsáveis por fazer que as pessoas o conheçam por meio de nós e de nossos exemplos.

Do mesmo modo, quando falamos do Reino de Deus, a ideia é que as pessoas não precisem morrer para ter uma experiência com ele e com seu Reino, mas sim que o conheçam por meio de seus embaixadores (ou seja, por meio de nós); mas, para que isso aconteça, é necessário que os embaixadores tenham esse nível de entendimento. Precisamos ter em mente que, como líderes, representamos um **Reino** que possui um **rei** e que tem características fortes e marcantes, sendo uma delas o caráter.

> Precisamos ter em mente que, como líderes, representamos um **Reino** que possui um **rei** e que tem características fortes e marcantes, sendo uma delas é o caráter.

Deus, em sua Palavra, reafirma esse caráter, dizendo que "Deus não é homem para que minta, nem filho de homem para que se arrependa. Acaso ele fala, e deixa de agir? Acaso promete, e deixa de cumprir?" (Números 23:19).

Realmente acredito que o caráter é importantíssimo para liderança, pois o mundo está muito carente de referenciais; todavia, ser um referencial para uma geração exigirá que além de cuidar de nossos talentos, também guardemos nosso caráter diariamente, com um crescimento constante. Quando você sabe aonde quer chegar, essa visão ditará como você agirá em todo tempo.

A visão determina sua DISCIPLINA

Considero a disciplina tão importante em nossas vidas que escrevi um livro sobre esse assunto: *A recompensa da disciplina*, no qual comento que **disciplina** não é conquistada facilmente; para obtê-la, é necessário sabedoria para administrar as mudanças que seguirão a decisão de praticá-la. Mas o que é **sabedoria**? É a aplicação de um conhecimento; mas, convenhamos, ela não é tão fácil de conquistar, principalmente porque não se recebe sabedoria pela inteligência nem por força.

> A disciplina não é conquistada facilmente; para obtê-la, é necessário sabedoria para administrar as mudanças que seguirão a decisão de praticá-la. Já sabedoria é a aplicação de um conhecimento.

Sabedoria tem de ser desejada e buscada, e isso exige um grande esforço e empenho de nossa parte, tendo em mente que sempre há como melhorar e ter um final melhor. Você não precisa acabar da mesma maneira — aliás, você não foi criado para terminar da mesma forma; no entanto para terminarmos diferentes, precisaremos de disciplina, pois não adianta Deus ter um plano maravilhoso para sua vida se você não se autodisciplinar. Sei que disciplina não é algo de que todos gostam, mas a realização dos nossos sonhos está diretamente ligada a ela.

Já que a disciplina é tão importante, vamos entender melhor o que ela significa. Disciplina significa um modo de agir que demonstra constância, métodos; em outras palavras, disciplina é uma prática, e você não a adquire do dia para a noite, nem por meio de um curso, tampouco com um diploma e por meio de remédios. Disciplina requer iniciativa e exige sacrifícios, mas a questão é que o sacrifício tem alguns inimigos: conforto e conveniência.

Conforto

Todo homem levantado por Deus, tanto na Bíblia como na história, foi tirado da zona de conforto; o problema ocorre quando um líder não está disposto a sair desse lugar que, muitas vezes, não é físico. Abrir mão do conforto ao aceitar um novo desafio, seja no trabalho, na vida familiar ou em qualquer outra área, requer disciplina, pois todo crescimento exigirá esse nível de atitude. Sei que não é fácil deixar o lugar onde nos sentimos confortáveis para nos aventurar, mas essa sempre foi a proposta de Deus para os que desejam obedecer-lhe.

Conveniência

É interessante pensar que a **conveniência** se relaciona com a mediocridade; todavia, uma pessoa excelente não consegue conviver com a mediocridade. Para entender essa ideia, pense em quanto você pagaria para assistir ao jogo de dois times de terceira divisão.

Você pode até gostar muito de futebol, mas jamais pagaria um valor muito alto para assistir a um jogo desse nível. Agora pense que Barcelona e Real Madrid vêm à sua cidade com todas as suas estrelas realizar um jogo beneficente em prol de um hospital. Nesse caso, quanto você pagaria? Até os que não são grandes amantes do futebol diriam que esse espetáculo vale o preço, pois a causa é boa, os jogadores são ótimos e, com certeza será um grande jogo. Sabe qual a questão? Ninguém paga pela mediocridade, mas pela excelência.

Se você realmente quer alcançar uma visão, então precisa determinar seu nível de disciplina, pois só ela o levará à excelência em tudo o que fizer; sendo assim, tenha em mente que, sem disciplina, você não chegará nem perto de sua visão.

capítulo | **2** |

A visão determina seu
Estado emocional

O **estado emocional** é formado pelas imagens internas que permitimos entrar em nossa mente e por nossa fisiologia — em outras palavras, toda batalha, toda guerra é travada em nossa mente. Quanto a isso, a Bíblia nos faz a seguinte advertência: "Não se amoldem ao padrão deste mundo, mas transformem-se pela renovação da sua mente, para que sejam capazes de experimentar e comprovar a boa, agradável e perfeita vontade de Deus" (Romanos 12:2).

Esse versículo nos ensina que, quando nossa mente é transformada, damos início a uma caminhada em direção à vontade de Deus que é boa, perfeita e agradável, assim como a visão que Deus ele tem para nossas vidas, na qual nos encaixamos e pela qual fomos feitos.

Se toda batalha começa na mente, faz sentido que aquilo que ocupa nossa mente tenha o poder de trazer sentimentos aos nossos corações e, consequentemente, levar nossos membros a ações? A resposta a essa pergunta é a seguinte: aquilo que há em minha mente é revelado em meu corpo; em outras palavras, as imagens internas tocam a nossa fisiologia.

Por esse motivo, se permitirmos pensamentos de derrota (por exemplo, que não somos bons líderes, bons maridos, boas esposas, bons pais, boas mães, ou ainda que não somos bons profissionais), nosso corpo sentirá e reagirá. Não são raros os casos de pessoas depressivas que, quando são analisadas com mais critério, revelam-se derrotadas por seus próprios pensamentos.

Considerando que aquilo em que pensamos faz diferença, a Bíblia nos dá uma preciosa orientação quanto a isso: "Todavia, lembro-me também do que pode me dar esperança" (Lamentações 3:21). O que esse versículo me ensina? Que nosso **estado emocional** é formado pelas imagens internas que criamos e que ele tem um propósito: gerar comportamentos; em outras palavras, as imagens que ocupam nossa mente nos paralisam ou nos impulsionam.

> Nosso **estado emocional** é formado pelas imagens internas que criamos e ele tem um propósito.

Existem pessoas sofrendo com pensamentos ou situações que ainda não ocorreram; sei muito bem como é essa sensação porque já sofri com isso. Quantos pensamentos me levaram a ficar chateado com pessoas que não me haviam feito nada, e quantas conversas ocorreram somente na minha mente, nunca se concretizando no mundo real. Quanto a isso, a Bíblia nos orienta que "Melhor é o homem paciente do que o guerreiro, mais vale controlar o seu espírito do que conquistar uma cidade" (Provérbios 16:32).

É por isso que a Bíblia nos orienta a não termos ciúmes, pensamento de desconfiança de alguém que você ama. Se você permitir que esse sentimento se aposse de sua mente, ele criará situações que não aconteceram e, convenhamos, não é nada saudável viver assim.

Quando você tem uma visão, ela determina em que você investirá seus pensamentos, mas esse é um exercício pessoal e, por mais clara que seja sua visão, você também será atacado na mente. É seu dever reconhecer esses pensamentos destrutivos e dizer: "Isso não tem poder sobre mim, por isso ordeno que todos esses pensamentos se vão em nome de Jesus". A Bíblia reforça esse pensamento: "As armas com as quais lutamos não são humanas; ao contrário, são poderosas em Deus para destruir fortalezas. Destruímos argumentos e toda pretensão que se levanta contra o conhecimento de Deus, e levamos cativo todo pensamento, para torná-lo obediente a Cristo" (2Coríntios 10:4-5).

Também percebemos que o Estado Emocional toca nossa fisiologia: se permitirmos maus pensamentos, a tendência é olhar para baixo, andar mais apático e não viver tão ativo assim — afinal de contas, para quê? E a consequência disso é que você acaba se tornando um pessimista e alguém que vive dando desculpas. Isso acontece porque seus pensamentos o enganaram.

E sabe o que é mais interessante? As imagens internas geram comportamentos e contagiam as pessoas que estão à nossa volta — se você anda com uma pessoa pessimista, acaba se tornando igual a ela, pois tem a tendência de se parecer com quem convive. Esse assunto é tão sério que, se você é vencido por maus pensamentos, isso acaba influenciando as pessoas a olhar apenas o lado ruim da vida, contribuindo indiretamente para que o sonho daquela pessoa morra; e, como bem sabemos, uma pessoa sem sonho não vive, apenas sobrevive.

A questão é que não fomos chamados para influenciar negativamente pessoas, mas sim para ser sal da terra e luz do mundo, uma vez que o sal dá tempero à vida e a luz ilumina na escuridão. Por isso, se você quer influenciar positivamente pessoas, precisa primeiramente vencer seus maus pensamentos e começar a olhar para cima, pois isso o ajudará a enxergar o segundo "E".

A visão determina seu ESTADO EMOCIONAL e renova suas ESPERANÇAS

Entenda o seguinte: toda esperança está acima da linha do horizonte, e toda vez que Deus quis injetar esperança em alguém, ele o fez olhar para cima: "[...]"Olhe para o céu e conte as estrelas, se é que pode contá-las". E prosseguiu: "Assim será a sua descendência" (Gênesis 15:4); e também: "Levanto os meus olhos para os montes e pergunto: De onde me vem o socorro? O meu socorro vem do Senhor, que fez os céus e a terra" (Salmo 121:1-2).

Uma pessoa com visão clara da vida se torna invencível, pois sabe de onde veio, mas principalmente para onde está indo; é uma pessoa cujo **estado emocional** é mais forte e constante do que as situações presentes. Assim, suas esperanças são renovadas a cada manhã.

> Uma pessoa tem suas esperanças renovadas a cada manhã quando seu estado emocional é mais forte e constante do que as situações presentes.

Um dia, um jovem teve um sonho tão claro, que ele quis conversar com seus pais e seus irmãos a respeito: "Certa vez, José teve um sonho e, quando o contou a seus irmãos, eles passaram a odiá-lo ainda mais" (Gênesis 37:5). Você, como líder, deve ter em mente que todo sonho e toda visão atrairão inveja e ódio; pior ainda: muitas vezes, essa inveja e esse ódio vêm de pessoas próximas a você.

Pense que nesse momento José já teria motivos suficientes para desistir dessa visão, afinal de contas, seus próprios irmãos ficaram com raiva dele; além disso, nem seus pais deram muita atenção ao seu sonho. E agora, o que fazer? Desistir ou continuar? É nesse momento que você deve se lembrar de que a visão determina seu estado emocional, formado pelas imagens internas.

José prosseguiu, e isso o levou a ser traído por seus próprios irmãos. Sabe o que essa situação me mostra? Que traições chegarão até pessoas que são visionárias. E novamente pergunto: O que fazer? Parar ou continuar? A resposta a essa pergunta vai depender do que estiver em sua mente; em outras palavras, quando você não sabe aonde quer chegar, pode inclusive abrir mão de ir mais longe para poder manter a boa vizinhança; todavia, isso não ocorre com quem nasceu para influenciar pessoas, assim como eu e você.

José continuou, foi vendido por seus irmãos e foi levado para uma terra distante. É importante que você entenda que a distância de um porto seguro faz parte da vida de uma pessoa que sabe aonde vai chegar, pois muitas vezes sua visão exigirá que você mude de lugar, de situação ou até mude algumas coisas em sua vida. Qual o maior perigo aqui? A comodidade. Um líder visionário não se acomoda na vida, pois sabe que sua visão exigirá que ele mergulhe em situações inovadoras, que abra mão de lugares seguros e se torne um eterno aprendiz, sempre em busca de coisas novas, e você precisa ter isso muito claro em sua visão.

Quando estava em São Paulo, tive uma experiência muito forte com Deus: quando estava prestes a desapontá-lo, ouvi uma voz dizendo: "Tudo bem, você pode fazer isso, mas todo o **meu propósito** com você no Sul do País acabará agora!". Eu não conhecia o Espírito Santo, mas sabia que era ele. Naquela época, eu trabalhava em um banco na Avenida Paulista, morava na casa de um grande amigo que considero um irmão, estudava artes na melhor escola de artes do Brasil e tinha patrocínio no esporte. Resumindo, tinha a vida que todo garoto queria ter, mas minha visão me fez mudar para Curitiba e vencer o frio, a distância e a falta de confiança de pessoas. Para isso, tive de parar de praticar esporte, pois não tinha como fazer nem três refeições por dia, emagreci demais, fui envergonhado, humilhado, chorei, reclamei, mas **permaneci**. Por quê? Porque tinha uma visão, e a cada situação delicada, minha visão me fazia dizer: "Um dia, darei risada dessa situação".

Queridos, Deus é que vira o jogo, e, para isso, só depende que você esteja no lugar certo, na hora certa e passe por todas as etapas necessárias em seu treinamento. Um dos trechos bíblicos que mais me enchia de fé era o Salmo 126:

> Quando o Senhor trouxe os cativos de volta a Sião, foi como um sonho. Então a nossa boca encheu-se de riso, e a nossa língua de cantos de alegria. Até nas outras nações se dizia: "O Senhor fez coisas grandiosas por este povo". Sim, coisas grandiosas fez o Senhor por nós, por isso estamos alegres. Senhor, restaura-nos, assim como enches o leito dos ribeiros no deserto. Aqueles que semeiam com lágrimas, com cantos de alegria colherão. Aquele que sai chorando enquanto lança a semente, voltará com cantos de alegria, trazendo os seus feixes. (Salmo 126:1-6)

Sabe o que vejo em José? Alguém que não se corrompeu no processo, foi do descrédito de sua família ao cargo mais alto do Egito e se manteve fiel ao Deus da sua visão; vejo também alguém que não permitiu que seus valores se corrompessem (ele poderia ter se deitado com a mulher do seu chefe, mas não o fez), pois sabia que teria de lidar com as consequências de todas as suas decisões. Resumindo, José tinha uma visão mais forte que os desejos da sua carne, e isso apenas reforça a ideia de que a visão determina seu estado emocional e este dita a forma como você conduzirá sua vida!

Para ajudá-lo, gostaria de propor uma atividade, tendo em vista que, para mudar o estado emocional, precisamos primeiramente alterar as **imagens internas** que temos. A primeira atitude é espiritual: "Finalmente, irmãos, tudo o que for verdadeiro, tudo o que for nobre, tudo o que for correto, tudo o que for puro, tudo o que for amável, tudo o que for de boa fama, se houver algo de excelente ou digno de louvor, pensem nessas coisas" (Filipenses 4:8).

A segunda é uma atitude prática, pois se seus pensamentos estiverem todos bagunçados, isso pode acabar refletindo em sua vida e causar uma grande desordem. Não sei no seu caso mas, no meu, bagunça suga energia. Então, vamos à tarefa:

O primeiro passo é fazer uma lista de insatisfações e nela colocar tudo o que o incomoda, tudo o que não o deixa satisfeito; é importante que, neste momento, você pense em algo que pode mudar (ou seja, não pense, por exemplo, em sua estatura, pois isso não é algo que pode mudar). Pense em coisas simples como: um quadro esperando ser pendurado; uma maçaneta que sempre sai na sua mão; aquele rangido na porta que está aguardando um óleo etc. Vá relacionando tudo que não o agrada e, depois de ter examinado tudo em sua casa, observe o ambiente de trabalho; faça a mesma coisa — faça uma lista com pelo menos 50 itens. A ideia é que você faça um pente fino em sua vida.

Em seguida, comece a pensar em quanto tempo você precisa para solucionar cada um dos problemas levantados. Faça listas de um dia (ou seja, tudo o que pode ser resolvido em um dia), depois a de um mês, seis meses, um ano e dois anos. Então, coloque o plano em ação. Por exemplo, preciso fazer uma cópia das chaves de casa, e isso consigo resolver em um dia. Quando? Na próxima semana, até quarta. E assim você faz até chegar ao último item. Isso com certeza levará algumas horas, mas você perceberá que uma vida organizada torna mais fácil estruturar os pensamentos e, consequentemente, mudar seu estado emocional. Certamente, é um investimento de tempo que vale a pena.

capítulo | **3** |

A VISÃO DETERMINA SUA
Fidelidade AO PROPÓSITO

Fidelidade não só é um assunto importante como também sempre atual, uma vez que a falta dela já transformou muitos sonhos em pesadelos e impediu que muitas visões jamais fossem vividas. Não são raros os casos de casais que juram fidelidade no altar, mas, com o tempo, abrem as portas para a infidelidade em seus relacionamentos. Nas empresas, sócios fazem um contrato que define as responsabilidades de cada um, mas, com o passar do tempo, o combinado deixa de ser cumprido; nas igrejas, pastores acreditam em pessoas e investem tempo, recursos, dedicação para orientá-las e formá-las, mas, com o tempo, essas pessoas acabam se levantando contra seus pastores, alguns levantando calúnias, outros para abrir seu próprio ministério (aliás, são muitos os casos de ministérios fruto de divisão, de disputa e de infidelidade ao propósito).

Como podemos ver, essa é uma realidade que atinge várias áreas da sociedade. No entanto, aprendi ao longo dos anos que só se pode provar a **fidelidade** ao longo da caminhada: um marido comprova sua fidelidade à sua esposa quando permanece com ela e mantém a integridade matrimonial até o fim da vida. Na sociedade, a fidelidade só é comprovada quando ela permanece sólida, independente dos percalços que ocorram com o tempo. Nos relacionamentos eclesiásticos, identificamos a fidelidade nos discípulos que, mesmo tendo seus ministérios em uma crescente, valorizam e honram seus pastores e mentores.

> A fidelidade só pode ser provada ao longo da caminhada.

Quando você tem uma visão, ela exigirá fidelidade e **foco**; em outras palavras, você terá que desenhar uma trajetória na qual seus passos o encaminharão para aquela visão. Se você é um bom líder, sabe que sua visão se torna mais clara quando é representada por uma imagem ou um rascunho no papel. Mas é preciso cuidado, porque o papel aceita tudo, todo tipo de sonhos; o difícil é transformar seus ideais em realidade.

Quando você se dispuser a fazer isso, certamente enfrentará diversos opositores. A Bíblia exemplifica esse fato por meio da história de Neemias quando ele tomou conhecimento de que sua cidade estava em ruínas. Então entendeu que sua missão de vida seria restaurar os muros dela.

Assim, ele elaborou um plano e colocou essa visão no papel, mas, para que esse sonho saísse do papel, seriam necessárias algumas atitudes. O que podemos entender é que a fidelidade ao propósito envolverá atitudes da nossa parte, pois não podemos dizer que somos fiéis a uma visão se não tivermos atitude. O que Neemias fez? Ele agiu com sabedoria e seguiu alguns passos:

- **Em primeiro lugar**, demonstrou respeito pela hierarquia: O rei me disse: "O que você gostaria de pedir?". Então orei ao Deus dos céus, e respondi ao rei: Se for do agrado do rei e se o seu servo puder contar com a sua benevolência, que ele me deixe ir à cidade onde meus pais estão enterrados, em Judá, para que eu possa reconstruí-la" (Neemias 2:4-5). É evidente que Neemias pediu autorização ao seu líder, essa atitude ensina que nossos sonhos não nos dão o direito de sair quebrando princípios.

Muitos quebram esses princípios quando abandonam pessoas a quem um dia prometeram ser fiéis, o que acontece, por exemplo, quando um cônjuge abandona o lar com o pretexto de desejar ser feliz, esquecendo-se de que a felicidade no casamento é fruto de trabalho em equipe — isto é, para serem felizes no matrimônio, ambos terão de ceder e mudar. Isso também acontece quando uma pessoa abandona seu líder, sua vida profissional ou sua igreja com o pretexto de estar indo em busca de um sonho. Pessoas que agem dessa maneira não entenderam que seu sonho não pode ser um pretexto para serem ingratas; as mudanças podem até acontecer, mas com certezas serão pacíficas e fortalecerão os laços de amizade e os relacionamentos.

- **O segundo ponto** é que Neemias definiu um prazo: Então o rei, estando presente a rainha, sentada ao seu lado, perguntou-me: "Quanto tempo levará a viagem? Quando você voltará?" Marquei um prazo com o rei, e ele concordou que eu fosse" (Neemias 2:6). Com isso, aprendemos que é necessário estabelecer prazos que exigirão fidelidade! Os prazos podem ser curtos, médios ou longos, mas o importante é cada um se manter fiel a eles; não faça como aquelas pessoas que fazem inúmeras promessas na virada ou no início do ano, mas, antes de o ano findar, já não se lembram mais delas e dos prazos que estabeleceram e, pior, ficam dando desculpas para justificar a falta de fidelidade ao propósito.

- **Um terceiro ponto** é que Neemias teve atitude de enfrentar corajosamente oposições:

> Quando, porém, Sambalate, Tobias, os árabes, os amonitas e os homens de Asdode souberam que os reparos nos muros de Jerusalém tinham avançado e que as brechas estavam sendo fechadas,

ficaram furiosos. Todos juntos planejaram atacar Jerusalém e causar confusão. Mas nós oramos ao nosso Deus e colocamos guardas de dia e de noite para proteger-nos deles. (Neemias 4:7-9).

E também:

Daquele dia em diante, enquanto a metade dos meus homens fazia o trabalho, a outra metade permanecia armada de lanças, escudos, arcos e couraças. Os oficiais davam apoio a todo o povo de Judá que estava construindo o muro. Aqueles que transportavam material faziam o trabalho com uma das mãos e com a outra seguravam uma arma (Neemias 4:16-17).

Isso me mostra que Neemias era um líder que sabia aonde queria chegar, pois pessoas que são fiéis a um propósito queimam por dentro. Mas pense em quantas pessoas estão abandonando seus sonhos porque enfrentam oposição, quantos estão tentando se adaptar para que a vida fique mais fácil. O que você precisa entender é que, no caminho da sua visão, haverá muita oposição, mas que você deve se manter na posição, pois o líder fiel à sua visão sabe que ela pode até demorar, mas no seu coração não há dúvida de que ela irá acontecer.

Fidelidade ao foco o ajudará a escrever uma história... e hoje só podemos aprender com Neemias porque a história dele foi escrita. A questão é que não há como escrever uma história se você não consegue ser fiel à sua visão, quando oposições acontecem. Sendo assim, tenha sempre em mente que a fidelidade exigirá atitudes de sua parte, e essas atitudes o ajudarão a se manter focado naquilo que é seu alvo.

capítulo | **4** |

A VISÃO DETERMINA SEU NÍVEL DE **Gratidão** E DE **Humildade**

O assunto que abordaremos neste capítulo é muito interessante. Ao longo da minha vida, tenho visto que pessoas ingratas geralmente não alcançam seus sonhos, muito menos suas visões, e isso se deve ao fato de que, para uma pessoa ingrata, nada é bom o suficiente. Elas estão sempre reclamando do que tem ou da maneira como vivem. Por outro lado, uma pessoa com visão consegue enxergar exatamente os passos que tem dado na vida.

Vamos pensar numa metáfora bem simples: quando uma pessoa com visão dá dez passos rumo ao seu sonho, mas passa por situações que a fazem voltar dois passos, ela consegue pensar positivamente e reconhecer que não está dois passos atrás, e sim oito passos à frente de quando começou sua caminhada. Se for uma pessoa ingrata, ela só consegue enxergar os dois passos que deu para trás — em outras palavras, não se lembra de todos os milagres que Deus já fez em sua vida e de como saiu do zero para chegar onde está.

Isso me faz lembrar do povo de Israel que viu milagres e maravilhas: as dez pragas alcançarem o Egito e foram livres delas; o mar se abrir, água sair da rocha, maná vindo dos céus e as codornizes que os alimentavam, assim como a coluna de fogo e a nuvem que os conduzia pelo deserto. Além disso, eles ouviram a voz de Deus no monte e foram testemunhas dos mandamentos dados a Moisés. Mesmo assim, diante de qualquer dificuldade eles logo se lembravam de seu passado no Egito e pensavam que, mesmo sendo escravos, sua vida lá era mais fácil — aliás, viver do passado é uma característica das pessoas ingratas. Nesse sentido, a Bíblia nos adverte com o seguinte: "Não diga: "Por que os dias do passado foram melhores que os de hoje?" Pois não é sábio fazer esse tipo de pergunta" (Eclesiastes 7:10).

Cuidado com pessoas que sempre querem levá-lo ao passado, querendo colocar sobre você um peso que já foi tirado. Quando paramos para analisar o povo de Israel, vemos que os doze espias foram um exemplo da diferença entre pessoas gratas e ingratas, pois dois foram gratos pelo que haviam vivido em Deus e estavam dispostos a enfrentar o desafio de entrarem na terra prometida, mas dez foram ingratos e contaminaram milhares de pessoas para não entrarem na terra. O resultado foi que, de uma geração inteira, apenas os dois espias gratos, Josué e Calebe, puderam viver as promessas de Deus.

A triste realidade é que não era para ter sido assim, pois Deus havia libertado uma geração inteira que deveriam ficar apenas quarenta dias no deserto e, então, entrar na terra que Deus havia prometido a eles. Porém, por conta da murmuração e da ingratidão, eles não somente ficaram quarenta anos no deserto, como também não entraram na terra, não viveram o sonho e não viram essa visão se tornando realidade.

Esse fato ocorreu porque, onde deveria haver gratidão, sobrou ingratidão, e onde sobra esse sentimento, não falta reclamação. Um líder que sabe aonde vai chegar não pode se dar ao luxo de viver reclamando, pois reclamações só retardam o cumprimento da promessa de Deus, paralisam os passos do líder e o aprisionam em um presente difícil. Em suma, a reclamação tem o poder de apagar as esperanças e salientar as dificuldades — ou seja, é uma desgraça.

Podemos ver outro caso de ingratidão na cura dos dez leprosos relatado em Lucas 17. Enquanto ia para Jerusalém, Jesus passou pela divisa entre Samaria e a Galileia; quando entrou no povoado, dez leprosos se aproximaram dele e começaram a clamar por cura. Jesus pediu que eles fossem se mostrar aos sacerdotes, pois só estes poderiam permitir que eles fossem reintegrados à sociedade novamente, durante o caminho, foram curados. Dos dez, apenas um voltou para agradecer pela cura e louvou em voz alta. Quando ele se prostrou diante de Jesus, este lhe perguntou: "[...]"Não foram purificados todos os dez? Onde estão os outros nove?" (Lucas 17:17). Bem, os outros nove receberam a cura, mas se esqueceram de louvar e agradecer.

Acredito que a **gratidão** anda de mãos dadas com a **humildade**, pois sem humildade é bem difícil alguém praticar a gratidão. Vamos entender melhor isso: toda visão exigirá mais de você do que possa imaginar, pois Deus nunca dará uma visão que não o faça crescer como pessoa, e também exigirá que você seja um eterno aprendiz e uma pessoa disposta a crescer. Para crescer, você precisará receber *feedbacks*, e, para ouvir e aplicar esse *feedback*, é necessário ter humildade para reconhecer os pontos que precisa mudar e ser grato, entendendo que as mudanças visam a torná-lo melhor.

> A **gratidão** anda de mãos dadas com a **humildade**, pois sem humildade é bem difícil alguém praticar a gratidão.

Existem dois tipos de *feedback*: de incentivo e de melhoria. Todos gostamos de receber *feedback* de incentivo, pois apreciamos ser elogiados e gostamos de ter nosso trabalho reconhecido, e não há nada de errado com isso. O detalhe é que crescimento em nossas vidas só acontece quando aprendemos a ouvir *feedbacks* de melhoria, e é aqui "que a coisa complica", porque nem todo mundo gosta de receber críticas. Mas, neste momento, preciso lhe explicar algo!

Todos nós temos várias funções: por exemplo: meu nome é Marcelo Bigardi, sou uma pessoa única e não há no universo inteiro alguém com a mesma impressão digital que a minha — vamos chamar isso como o "**eu pessoal**". Contudo, mesmo sendo único, exerço muitas funções: sou marido e pai, mas também sou filho e pastor de uma grande igreja, mas também sou ovelha do meu pastor; tenho um chefe no meu trabalho, mas também sou chefe dentro das minhas funções; além disso, também sou atleta, escritor, artista e filho de Deus. Vamos chamar essa parte de o "**eu funcional**" — ou seja, dentro do meu "eu pessoal" há muitas funções, que é o meu "eu funcional".

> O eu pessoal está relacionado à minha individualidade e singularidade no universo, ao passo que o eu funcional são as funções que exerço nas minhas relações sociais.

A grande questão com relação à humildade é que nós, brasileiros, somos muito emocionais, e isso gera algumas confusões de entendimento quando recebemos *feedbacks*. Por exemplo, quando pessoas de um país de primeiro mundo discutem no trabalho, elas o fazem por um determinado assunto e, quando o assunto acaba, voltam a conversar como se nada tivesse acontecido. No Brasil não é assim: nós levamos essas discussões para o lado pessoal, e aí é que mora o perigo, pois os *feedbacks* de melhoria sempre são direcionados ao "eu funcional", jamais ao "eu pessoal", mas parece que não entendemos isso.

> É importante entender que o *feedback* de melhoria sempre está direcionado ao "eu funcional", jamais ao "eu pessoal".

Vou explicar melhor: por exemplo, quando uma esposa reclama do marido, ela está dizendo: "Amor, eu te amo ("eu pessoal"), senão, já teria te deixado, mas, como marido, ("eu funcional") há algumas coisas que você precisa mudar". Quando não há humildade para reconhecer isso, o marido já leva para o lado pessoal e diz: "Puxa, ela não me ama, senão não estaria falando isso!". Contudo, se o marido for humilde, entenderá que a esposa deseja que ele seja melhor, por isso está fazendo essa crítica.

O mesmo ocorre no ambiente de trabalho: quando um superior chama o funcionário para uma reunião, muitas vezes ele diz: "Gosto de você ("eu pessoal"), senão já o teria despedido, mas, como funcionário ("eu funcional"), você está deixando a desejar". Quantas pessoas abandonam os lugares que jamais deveriam abandonar porque não têm humildade para entender que os *feedbacks* são direcionados à função, e não à pessoa.

O resultado disso é que, quando não há humildade para entender essas questões, a pessoa com "birra" não desenvolve o "eu funcional", ou seja, não melhora o que precisa e não entrega as mudanças necessárias para a pessoa que está esperando essas melhorias. Essa atitude faz com que o "eu pessoal" sofra as consequências da falta de humildade, pois quando ocorre uma separação por alguém não ter dado ouvidos à voz do cônjuge, é o "eu pessoal" que sofre, e quando há demissões no trabalho, é o "eu pessoal" que fica sem sustento. Precisamos ser humildes para que, a cada *feedback* recebido, possamos entender que a ideia é melhorarmos o "eu funcional", entregando mudanças significativas a quem está esperando e, assim, o "eu pessoal" possa se alegrar com os benefícios.

Precisamos entender que, sem *feedbacks* reais, não há crescimento e, sem humildade para ouvir esses *feedbacks*, não chegaremos nem perto de ser quem nascemos para ser, porque somos seres que mudam e vivem em um planeta em constante mudança. Sendo assim, precisamos aprender a crescer e a nos aprimorar e, para isso, devemos aprender a crescer em humildade.

As pessoas acham que falta de humildade tem a ver com a quantidade de dinheiro que ela possui, mas isso não é verdade, pois conheço muita gente que não tem essa condição, mas também não gosta de ouvir que estão erradas. Humildade, então, não é a ausência de dinheiro, e sim o reconhecimento da necessidade de crescimento. Assim, quando você sabe aonde quer chegar, entende que é preciso humildade para ouvir muita coisa até atingir seu objetivo. Por fim, quero terminar esse capítulo com a seguinte pergunta: Como você reage quando alguém lhe dá um *feedback* de melhoria? Quando alguém lhe traz uma crítica? Qual tem sido sua reação? É de suma importância que você pense sobre isso para prosseguir e ser bem-sucedido.

capítulo | **5** |

A VISÃO DETERMINA SUA **Inteligência** EMOCIONAL

Neste capítulo, quero mostrar algo que faz parte da minha vida desde muito cedo: "Artes", mais especificamente desenhos — na realidade, quero lhe mostrar como um desenhista vê. Trabalhei com **artes** durante quatorze anos e confesso que aprender a olhar como um artista tem me ajudado até hoje, porque, quando chegava à frente a uma parede branca com o desenho nas mãos, era só dar alguns passos para trás que já conseguia visualizar o desenho na frente da parede — isto é, conseguia visualizá-lo pronto, mesmo que a parede continuasse branca.

Antes de entrar e aprofundar nesse assunto, preciso explicar a você onde isso se encaixa na inteligência emocional. Nosso cérebro tem dois hemisférios: o lado esquerdo é o da razão, analítico, crítico, lógico, mais sério e relacionado aos dados; esse é também o lado crítico de si mesmo e o lado crítico dos outros. Ele geralmente dá os comandos e tenta controlar o outro lado. O direito, por sua vez, é o lado da intuição, dos sentimentos, o lado emocional e das artes; ele não só é pleno de potencialidades e de recursos infinitos, mas também é provedor da nossa capacidade de aprender e desenvolver coisas novas — é o lado que todos apreciávamos quando crianças. Vamos entender melhor essa questão.

O lado esquerdo é aquele que vive criticando, diz que você não consegue aprender e que é melhor você desistir; é também o lado que aceita críticas, que se entristece com comentários em redes sociais, que procura se defender dos outros e de você mesmo por meio de desculpas.

A questão é que o lado direito não se importa muito com o que acontece; ou seja, ele recebe críticas, mas, ao ver que está no caminho certo, ignora-as. Além disso, consegue perdoar mais facilmente e se lançar em novas aventuras. Apaixona-se mais facilmente e, consequentemente, é mais machucado nessa área. É aí que entra um fator extremamente importante: a **inteligência emocional**, responsável por conseguirmos, por meio de estímulos e sentidos, capturar o mundo com os dois hemisférios do cérebro.

> Inteligência emocional é quando conseguimos, por meio de estímulos e sentidos, capturar o mundo com os dois hemisférios do cérebro.

Resumindo, inteligência emocional é quando:

- há equilíbrio entre o lógico e o emocional;
- vemos as letras, os números e os dados, mas também somos intuitivos, criativos e capturamos os sentimentos;
- somos altamente competitivos no trabalho, mas também somos altamente relacionais com nossas famílias;
- damos o melhor de nós no trabalho e nos estudos, mas também conseguimos dar o melhor de nós no descanso e na saúde.
- conseguimos trabalhar e descansar;
- sabemos quando ser duros e quando ser maleáveis;
- conseguimos amar e corrigir;

- temos tempo para o trabalho e para a família, mas também conseguimos fazer coisas que enchem nosso "tanque emocional";
- conseguimos ouvir um *feedback* crítico sem nos magoarmos, mas também quando conseguimos ouvir uma crítica sem fundamentos e não nos apegamos a ela.

A grande questão é que a conta é injusta, pois queremos equilíbrio no uso dos dois hemisférios, mas somos treinados apenas em um deles. Quer um exemplo disso? É só olhar para as escolas e pensar: quantas aulas de artes nós temos em comparação com as demais aulas? Quantas aulas são voltadas a desenvolver a criatividade dos alunos? E quantas que desenvolvem a lógica deles? Agora você entende por que comecei este capítulo falando sobre desenhos.

Muitos anos atrás, eu quis aprender a desenhar corretamente e comprei um livro chamado *Desenhando com o lado direito do cérebro*. Esse livro me ensinou muito, pois trazia exercícios que me forçavam a ver uma paisagem como ela realmente era, e não como nosso lado esquerdo nos falava que ela era.

Geralmente, as pessoas dizem que não sabem desenhar, e dizem isso porque, ao desenharem uma mão, seu lado esquerdo já manda a informação de como é uma mão, e ele faz um desenho que se parece com o desenho de uma criança de três anos de idade. A questão é que todos podem aprender a desenhar. Se uma pessoa consegue colocar a linha na agulha, ela também é capaz de aprender a desenhar, pois saber desenhar é saber ver. Há uma frase que explica melhor isso: "Aprender a desenhar é realmente uma questão de aprender a ver, só que ver corretamente", isso vai além de ver apenas com os olhos.

Gertrude Stein certa vez perguntou ao pintor francês Henri Matisse se, ao comer um tomate, ele o olhava à maneira de um artista. Matisse respondeu: "Não. Quando como um tomate, olho-o como qualquer pessoa o olharia, mas, quanto pinto um tomate, vejo-o de maneira diferente". O pintor pinta com os olhos, não com as mãos, portanto, o que quer que ele veja, se o vir com clareza, será capaz de pintar.

Sabe o que é interessante quando começamos a desenvolver o lado direito do cérebro? Quando passamos a ver como um artista, a percepção da passagem do tempo desaparece. No meu caso, isso acontece até hoje; quando faço um desenho, preparo uma mensagem ou escrevo um livro, o tempo voa — parece que se passaram quinze minutos, mas já se foram duas horas. O desenho utiliza a capacidade especial do lado direito do cérebro, o lado certo para as artes e, quando você se dedica ao desenvolvimento desse lado do cérebro, aprende a ver de maneira diferente e começa a tirar aquele cálculo injusto de apenas fortalecer o lado esquerdo.

Quero que você faça um teste agora. Veja a figura a seguir:

http://www.e-farsas.com/wp-content/uploads/glass-faces.jpg

Agora, pegue uma folha e desenhe o perfil de uma pessoa no lado esquerdo do papel; se você for canhoto, faça o perfil do lado direito da folha. Assim que fizer, trace linhas horizontais no topo e na parte de baixo do perfil, formando, assim, o topo e a parte inferior do vaso. Agora, volte ao traçado do primeiro perfil, acompanhando com a ponta do lápis. À medida que o lápis percorrer os traços, pense no nome de cada um: testa, nariz, lábio superior, lábio inferior, queixo e pescoço. Repita esse processo pelo menos mais uma vez; essa é uma tarefa do hemisfério esquerdo que dá nome as coisas.

Em seguida, começando no topo, desenhe o mesmo perfil invertido; fazendo isso, você completará o vaso — o segundo perfil deve ser o inverso do primeiro para que o vaso seja simétrico. Observe que, durante o desenho, seu cérebro dará ligeiros sinais de que você está trocando de modalidade de processamento de informações, e talvez você experimente uma sensação de conflito mental em algum momento.

Agora que você completou o desenho, reflita e procure se lembrar de como o fez: o primeiro perfil foi, provavelmente, desenhado bem depressa e, enquanto você traçava, dava nome às partes por onde o lápis passava. Ao desenhar o segundo perfil, é possível que você tenha experimentado certa confusão ou conflito. Talvez até tenha perdido o senso de estar desenhando um perfil e viu que estava examinando o espaço entre os dois perfis, estimando ângulos e curvas. No primeiro perfil, seu lado esquerdo do cérebro já tinha as respostas e foi mais fácil desenhar, sabendo que cada elemento tinha um nome. Agora, no segundo perfil, seu lado esquerdo não sabia o que falar e o seu lado direito entrou em ação. Esse foi o motivo de sentir um pouco de conflito ou da percepção que se estava desenhando um perfil.

Outro exercício interessante pode ser realizado com a figura a seguir.

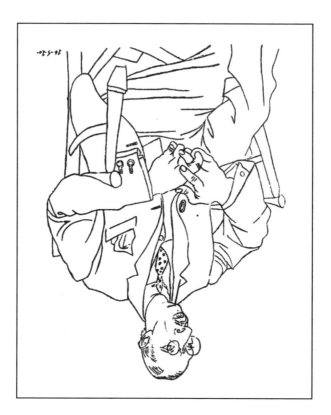

Pablo Picasso (1881-1973), *Retrato de Igor Stravinsky*, Paris, 21 de maio de 1920. Coleção particular. https://brainly.com.br/tarefa/7072551

Pegue uma folha de papel e observe o desenho. Não o vire, pois ele está invertido de propósito. Observe o desenho invertido e também os ângulos, as formas e as linhas, então você perceberá que as linhas se encaixam — onde termina uma, começa a outra, e as linhas e curvas preenchem determinados espaços.

Ao iniciar o desenho, comece por cima e vá copiando linha por linha, passando de uma para aquela que estiver mais próxima, compondo, assim, o conjunto como você faria com um quebra-cabeça. Se chegar a algum lugar que diga assim: "Ah!, aqui é o nariz, a boca, os olhos", procure simplesmente continuar a dizer a si mesmo: "Bem, esta linha faz uma curva aqui, esta outra a atravessa, formando um pequeno espaço aqui, essa outra linha fica a um ângulo de tantos graus em relação à margem do papel". Lembre-se de que, tudo de que você precisa para fazer o desenho está diante de seus olhos; ao finalizar, vire-o e veja que você conseguiu fazer um desenho bem diferente daqueles que geralmente faz. Essa é a diferença quando você faz um desenho utilizando o lado direito do cérebro.

Agora, você deve estar se perguntando: por que fizemos esse exercício? Simples: para você entender que, na liderança, precisamos aprender a liderar com equilíbrio; em outras palavras, há momentos em que precisamos ser técnicos, lógicos e racionais, contudo, há outros nos quais precisamos ser sensíveis a sentimentos, meio ilógicos, e cheios de fé. Esse equilíbrio é importante porque haverá momentos em que Deus lhe dará uma direção que não terá como ser processada pelo hemisfério esquerdo, isto é, você terá que agir de determinado modo que não consegue explicar.

Quer um exemplo bem simples? Tente explicar sua experiência com Deus, tente resumi-la em uma frase e convencer alguém só com suas palavras. Difícil, não? É por isso que Paulo disse: "Minha mensagem e minha pregação não consistiram em palavras persuasivas de sabedoria, mas consistiram em demonstração do poder do Espírito, para que a fé que vocês têm não se baseasse na sabedoria humana, mas no poder de Deus" (1Coríntios 2:4-5).

Como líder, você deve saber que haverá momentos em que terá de ser duro com seus filhos, já em outros, você simplesmente deverá sair para tomar um sorvete com eles. Haverá momentos para debater suas ideias com seu cônjuge; em outros, é melhor não prosseguir com a discussão mesmo tendo razão. Somos seres inteligentes e, se aplicarmos cada letra do alfabeto da liderança, teremos sucesso em todas as áreas de nossas vidas, lembrando que, para nós, sucesso é viver a plenitude do que nascemos para viver em Deus!

capítulo | **6** |

A VISÃO DETERMINA SEU **Jantar**

Parece engraçado, mas quero abordar a ideia por trás da letra "J" (de Jantar) com relação à visão que temos. Se você observar, muitas pessoas cometem seus maiores erros após o horário de trabalho — minha avó já dizia que "mente vazia é oficina do diabo". Quando estamos ocupados, temos a tendência de focar no que estamos fazendo, muito embora hoje em dia esteja difícil de focar no trabalho em virtude da quantidade de informações e atualizações das redes sociais.

Sabemos que a excelência faz toda a diferença na vida de uma pessoa, portanto, se queremos ser excelentes em nossas vidas, precisamos aprender a ser pessoas focadas, o que significa não desperdiçar nossos dias em redes sociais. É legal e importante nos conectar com as pessoas? Sim! No entanto, não desperdice muito tempo de sua vida na internet — em outras palavras, entenda que há uma vida fora dela e há muito o que viver.

Atualmente, você olha para o lado e todo mundo está conectado, porém, as pessoas acabam desperdiçando muitas coisas quando ficam olhando apenas para o celular. Um tempo atrás, fui assistir ao UFC em Curitiba e, enquanto estava assistindo às lutas, ao meu lado havia uma pessoa tentando fazer um *Snapchat*. Fiquei pensativo na hora, pois, como ele não conseguia postar, acabava perdendo os detalhes da luta por ficar tentando resolver o problema da falta de conexão.

Se você quer ser excelente, precisa entender que a hora de trabalho é hora de trabalhar. Você está sendo remunerado para desempenhar um papel, e não para ficar nas redes sociais; tudo bem, até aqui, a maioria das pessoas que se concentram no que fazem conseguem ter uma vida normal. O problema começa após o expediente; contudo, quando você tem uma visão, ela certamente determinará o que você vai fazer após seu expediente: ou seja, enquanto alguns fazem *happy hour*, outros investem em pessoas importantes. Não estou falando que é errado sair com amigos, mas sim que é preciso definir prioridades; nesse sentido, se você tem uma visão, precisa saber onde investir seus momentos de lazer.

Conheço uma pessoa que havia saído das drogas e já estava bem, mas, um dia, após o trabalho, resolveu sair com a galera da faculdade; na mente dele, não havia problema, pois já estava há muito tempo limpo. Chegando ao local do encontro, ele inicialmente ficou somente tomando refrigerante, mas, pouco tempo depois, passou para um copo de cerveja, depois mais outro e outro... Dois dias depois, ele veio me procurar chorando e dizendo que, quando se deu conta, tinha passado duas noites usando drogas.

Qual é o problema nesse caso? Havia problema para seus amigos? Não! Talvez todos eles tivessem ido embora para suas casas e nada de errado havia acontecido; todavia, para esse rapaz havia problema: um copo abriu as portas para passar a noite toda usando drogas. Não estou generalizando, pois sei que nem todo mundo tem esse problema; o que estou dizendo é que há pessoas importantes com quem investir seu tempo após o trabalho e que estar no local errado pode leva-lo a tomar decisões erradas.

Sua família é importante, sua esposa e seu esposo são importantes, seus filhos são importantes, sua saúde é importante, sua vida devocional é importante e sua visão também é importante. Conseguimos entender que relacionamentos fazem toda a diferença em nossas vidas, principalmente aqueles que encontramos após o expediente; sendo assim, é preciso que você entenda que alguns investirão em seu crescimento, mas outros, em sua queda; alguns o incentivarão, ao passo que outros trarão desânimo; alguns trarão alegria e outros, tristeza; alguns trarão vida, mas outros trarão morte.

Quando você não tem uma visão, não se importará em ficar tempo demais na rua após o trabalho, mas acredito que esse não é o seu caso, principalmente porque você está lendo um livro sobre visão e, se tem consciência de sua visão, sabe onde investir cada hora do seu dia.

O Rei Davi cometeu um de seus maiores erros simplesmente porque estava no lugar errado na hora errada: "Na primavera, época em que os reis saíam para a guerra, Davi enviou para a batalha Joabe com seus oficiais e todo o exército de Israel; e eles derrotaram os amonitas e cercaram Rabá. Mas Davi permaneceu em Jerusalém. Uma tarde Davi levantou-se da cama e foi passear pelo terraço do palácio. Do terraço viu uma mulher muito bonita tomando banho" (2Samuel 11:1-2).

Uma pessoa de visão sabe aonde ir e aonde não ir, inclusive que não pode brincar com determinados assuntos. Em primeiro lugar, Davi não deveria estar ali, porque, como o versículo diz, esse era o tempo em que os reis saíam para a guerra. Além de não ir à guerra, ficou tentando descobrir quem era aquela mulher. Isso nos leva a pensar em quantas pessoas têm uma visão, mas estão muito distantes dela e, por isso, acabam indo parar no lugar errado e na hora errada. Por outro lado, uma pessoa de visão não apenas sabe qual é o certo, mas também sabe a hora certa de fazer o que é certo.

Outro que ficou brincando com o perigo foi Sansão, um homem que Deus havia escolhido desde a gestação:

> Certo homem de Zorá, chamado Manoá, do clã da tribo de Dã, tinha mulher estéril. Certo dia o Anjo do SENHOR apareceu a ela e lhe disse: "Você é estéril, não tem filhos, mas engravidará e

dará à luz um filho. Todavia, tenha cuidado, não beba vinho nem outra bebida fermentada, e não coma nada impuro; e não se passará navalha na cabeça do filho que você vai ter, porque o menino será nazireu, consagrado a Deus desde o nascimento; ele iniciará a libertação de israel das mãos dos filisteus" (juízes 13:2-5).

Essa passagem nos mostra um homem com um chamado, uma visão; tinha tudo para vencer na vida. Sansão, assim como você e eu, havia sido escolhido a dedo por Deus e também tinha uma visão. Mas perceba algo aqui: Sansão tinha um chamado, que era ser Juiz, e tinha um dom, que era uma força fora do normal, mas o problema é que ele brincou com o perigo.

Nós não o vemos exercendo seu chamado como juiz, mas sim brincando com seu dom; o problema é que, quando você não entende sua visão, a tendência é se apegar apenas a seus dons. Pense em quantos estão perdendo o melhor de Deus por estarem baseando sua vida em seus dons. Aqui, vale fazer uma ressalva: Deus dá um carisma para alguém, mas essa pessoa, em vez de ser um instrumento de Deus, acaba usando seu carisma para viver em rodas de amigos, muitas vezes perdendo a santidade e a preciosidade do chamado. Esse foi o caso de Sansão que, por ter baseado sua vida em seu dom, foi facilmente enganado por uma mulher; por não ter dado valor ao seu chamado, por não ter valorizado sua visão e se preservado por ela, aquele que havia nascido para ser um herói acabou morrendo como um palhaço, divertindo seus inimigos. "Os filisteus o prenderam, furaram os seus olhos e o levaram para Gaza. Prenderam-no com algemas de bronze, e o puseram a girar um moinho na prisão [...] Com o coração cheio de alegria, gritaram: "Tragam-nos Sansão para nos divertir!" E mandaram trazer Sansão da prisão, e ele os divertia" (Juízes 16:21, 25).

Como você pode ver, quando alguém não dá valor à sua visão, mas dá espaço para as influências do mundo, corre um grande risco de fracassar em sua jornada, muitas vezes não tendo tempo de se recuperar.

capítulo | **7** |

A VISÃO DETERMINA O NÍVEL DE **K** (**potássio**) EM SUA VIDA

Para o começo do estudo da letra "K", quero agradecer ao Dr. William Douglas, pois, quando liguei para ele e perguntei sobre o que ele falaria acerca de liderança que envolvesse saúde e a letra "K", ele me respondeu: "Biga, fala sobre o Potássio, a letra K da Tabela Periódica". Como eu costumo dizer, é sempre bom ter uns amigos diferenciados. Quero, então, aprender com vocês um pouco sobre o Potássio.

Ele foi descoberto em 1807 e recebeu o nome de Kalium por ser um metal com características alcalinas, é um dos minerais mais abundantes no corpo e é fundamental para o funcionamento normal do organismo, especialmente para as atividades realizadas pelo coração, cérebro e tecido muscular.

Isso porque o íon potássio (K+) é essencial para a transmissão nervosa e para a contração muscular e equilíbrio de fluidos corporais, os quais estão relacionados ao balanço e à distribuição de água no corpo. Estudos científicos recentes mostraram que a ingestão adequada de potássio reduz o risco de ocorrências de Acidente Vascular Cerebral (AVC), regula a pressão arterial e aumenta a densidade óssea. Além disso, a Organização Mundial da Saúde (OMS) lançou recomendações para o consumo de sódio e potássio com o objetivo de reduzir a pressão arterial e o risco de doenças crônicas não transmissíveis em adultos e controlar a pressão arterial em crianças.

Você deve estar se perguntando: onde encontrar potássio na alimentação? Frutas como banana, abacate, frutas cítricas e água de coco. Alimentos como peixes, grãos e vegetais, cenoura e beterraba. Vale aqui mencionar o que a carência do potássio provoca: cãibras, fraqueza muscular, vômitos e, nos casos mais graves, arritmias cardíacas — resumindo, o Potássio no organismo é responsável pelo equilíbrio da água no corpo humano.

Escrevi tudo isso, simplesmente, para dizer que um líder com uma visão se preocupa em cuidar de sua saúde, promovendo o equilíbrio em tudo o que faz. Qual a palavra chave aqui? Equilíbrio.

Preciso compartilhar alguns dados alarmantes. A cada 40 segundos, alguém comete suicídio no mundo; além disso, a venda de ansiolíticos — remédios usados para diminuir a ansiedade e a tensão — aumentou mais de 60% entre 2010 e 2016. Se analisarmos dados da liderança eclesiástica, fica mais assustador: uma pesquisa realizada pela *Pastoral Care inc.*, com pastores nos Estados Unidos mostra que:[1]

- 70% dos ministros informaram que não têm um amigo próximo em quem confiar;
- 75% de todos os pastores estão próximos do nível da pobreza.
- 90 dos ministros informaram que se sentem inadequadamente treinamentos para atender as demandas do ministério
- 70% relatam ter a autoestima bem menor do que quando começaram o ministério;
- 50% não duram cinco anos no ministério;

---

[1] FULLER, Jim. 10 Reasons Why Pastors Leave the Ministry [10 razões pelas quais os pastores desistem de seu ministério]. Disponível em: <http://www.pastoralcareinc.com/articles/10-reasons-why-ministers-quit/>.

- 90% dizem trabalhar entre 55 e 75 horas por semana, e a maioria não se exercita nem tira férias;
- 40% relatam ter conflitos com membros pelo menos uma vez por mês;
- Nos Estados Unidos, em média, 4 mil igrejas fecharam no último ano, e estima-se que mais de 3.500 pessoas deixem a igreja todos os anos.

Se estamos falando de liderança, precisamos cuidar dos riscos que ela traz, e creio que o maior risco é o líder se achar o solucionador de todos os problemas. O livro *Os segredos da mente milionária*, de T. Harv Eker, nos mostra a diferença entre a mente rica e a mente pobre — por favor, atente ao que estou escrevendo, pois não estou me referindo a pessoas ricas ou pobres, mas sim a modelos de mentalidade!

O que o autor faz é apresentar uma situação e mostrar a diferença entre as duas formas de pensar: imagine uma pessoa que tenha em sua frente duas opções, ser bem-sucedido na empresa ou dedicar mais tempo à família? Dedicar-se aos estudos ou ao cuidado da saúde? Honrar os líderes ou ficar com os filhos? Como essas duas formas de pensar agem? A mente pobre diz: "Qual das duas opções eu escolho?" Preciso escolher uma delas; já a mente rica diz: "As duas coisas são importantes, então o que eu preciso fazer para realizar ambas?

Então, preciso fazer uma pergunta: o que leva um líder a "se arrebentar" em sua vida? O que leva alguém que tem tudo para ser a pessoa mais feliz da face da terra, tornar-se uma pessoa frustrada? Por que digo "uma pessoa mais feliz da face da terra"? Queridos, conhecemos o Criador do Universo e podemos chamá-lo de amigo; ademais, há algo ainda mais forte que isso, podemos chamá-lo de Pai. Além disso, ele tem nos prometido o seguinte em sua Palavra: "Se vocês estiverem dispostos a obedecer, comerão os melhores frutos desta terra" (Isaías 1:19).

Sendo assim, o que leva uma pessoa que tinha tudo para ser a mais feliz da face da terra se tornar uma pessoa frustrada, sem rumo, sem esperança e sem forças? O versículo que lemos diz algo interessante: "Se quiserdes e me ouvirdes" — esse versículo está falando de atitude e aplicação.

No treinamento de liderança que realizo, falo muito sobre o CHA na liderança (**C**ompetência, **H**abilidade e **A**plicação). Conforme o Salmo 139, Deus escreveu todos nossos dias, cada um deles escrito e determinado quando ainda nenhum deles havia. Isso nos mostra que, se temos um chamado e uma visão, é porque Deus confia em nós; ou seja, ele acredita que somos competentes para realizarmos o que colocou dentro de nós, contudo, a **habilidade** requer atitude de nossa parte — ou seja, requer que corramos atrás de aperfeiçoamento.

> Se temos um chamado e uma visão, é porque Deus confia em nós e acredita que somos competentes para realizarmos o que colocou dentro de nós, mas isso requer habilidade e atitude de nossa parte.

Um exemplo: como querer mudar para outro país se não me esforço em aprender o Inglês aqui no Brasil ainda? O detalhe se encontra na última letra. A de Aplicação. Não adianta nada você aprender diversas coisas na vida, se não as aplicar. Porque, na teoria, tudo é lindo e maravilhoso, mas na prática é diferente.

Se quisermos resultados em nossas vidas, precisamos aplicar o que estamos aprendendo. Por que estou falando isso? Quando tive um encontro com Deus, em 1991, aprendi uma música que era uma conversa entre Deus e o homem. Deus dizia: "É meu, somente meu todo o trabalho, e seu trabalho é descansar em mim!". Muitos anos se passaram, e essa canção ainda é muito forte na minha vida. Então, novamente pergunto: por que pessoas que tinham tudo para serem as mais felizes da terra estão vivendo frustrações? Porque não estão aplicando o que aprendem na Bíblia: "Não sobreveio a vocês tentação que não fosse comum aos homens. E Deus é fiel; ele não permitirá que vocês sejam tentados além do que podem suportar. Mas, quando forem tentados, ele mesmo lhes providenciará um escape, para que o possam suportar (1Coríntios 10:13); "Pois o meu jugo é suave e o meu fardo é leve" (Mateus 11:30).

Mas quais são os motivos que levam uma pessoa à frustração? O primeiro deles é sentir-se incapazes de realizar suas tarefas. Antes de tudo, é importante que você tenha em mente que Deus nunca o chamará para algo que você não seja capaz de realizar. Além disso, toda crença limitada surge dos pensamentos que permitimos assombrar nossa mente. E mais: você e eu não podemos limitar o que Deus não tem limitado, e não há limites para aqueles que entendem isso.

Você sabe qual a diferença entre o gênio e o louco? A realização e concretização do projeto, pois, enquanto um projeto ainda está no papel, o autor sempre será um louco, mas, a partir do momento em que esse projeto se torna realidade, o louco se torna um gênio — foi assim com Noé e com a maioria dos inventores da história.

O segundo motivo é depositar as expectativas em outras pessoas. Seu maior exemplo deve ser Cristo, que amou as pessoas e se entregou por elas e, mesmo sendo traído e pregado em uma cruz, pôde dizer: "Pai, perdoa-lhes, porque não sabem o que fazem!". Quando você coloca a expectativa nas pessoas, é bem provável que isso sugue suas energias, sua motivação e sua alegria, pois seu máximo pode não ser o suficiente para as pessoas. Por exemplo, você pode aconselhar alguém até às 5 da manhã, mas ainda ouvir: "Por que não aconselhou até as 5h30?" Como disse, ainda que você faça milhares de coisas, para as pessoas nunca será o suficiente.

Precisamos entender que as pessoas são resistentes às mudanças, e não podemos mudar a maneira como elas agem. Então, a pergunta é: como agir? Bem, faça o melhor que puder naquilo para o que foi chamado e dê o seu melhor para Deus. Como a Bíblia diz: "Tudo o que fizerem, façam de todo o coração, como para o Senhor, e não para os homens, sabendo que receberão do Senhor a recompensa da herança. É a Cristo, o Senhor, que vocês estão servindo" (Colossenses 3:23-24).

Assim, se receber um aplauso, um gesto de carinho ou até uma promoção, legal, sinta-se feliz por isso. No entanto, não deixe que sua motivação esteja nas recompensas, mas sim em agradar aquele que o chamou.

O terceiro ponto que leva as pessoas à frustração é culpar-se pelas consequências das escolhas dos outros. Muitas vezes, os líderes espirituais se esquecem de que são seres humanos; em outras palavras, se um líder absorver todos os problemas derivados dos aconselhamentos ou de suas conversas, certamente não aguentará a pressão. A ideia é entregar nosso melhor, mas precisamos entender que não podemos carregar esses problemas para nossa casa. Com certeza, riremos com os que riem e choraremos com os que choram, mas, quando entrarmos em nossas casas, essas situações deverão ficar do lado de fora.

Muitas pessoas não conseguem deixar os problemas do trabalho no próprio trabalho, e há muitas esposas sofrendo porque o marido não consegue separar questões de trabalho e questões familiares, e muitas vezes desconta os problemas do primeiro em sua própria casa. Quantos filhos não veem a hora de se tornarem independentes para não precisar ir mais à igreja porque perderam seus pais, pois eles dão mais valor às questões e aos compromissos eclesiásticos do que à sua própria família. E aonde tudo isso nos leva? Ao quarto motivo que faz as pessoas se frustrarem: a falta de equilíbrio (aqui se aplica o que falei no início do capítulo sobre o Potássio, que é o responsável pelo equilíbrio da água no corpo).

Equilíbrio precisa ser o nosso lema. Para entender melhor isso, vamos falar sobre Jesus, o maior líder de todos os tempos. Ninguém na história conseguiu montar uma organização familiar e fazê-la crescer ao longo de 2 mil anos sem que essas pessoas ganhassem algo de valor nessa vida; em vez disso, o convite de Jesus sempre foi para que seus seguidores abrissem mão da sua vida se quisessem ter uma vida com ele. Vamos entender melhor essa história.

Quando o homem resolveu se afastar de Deus lá no Éden, o Senhor criou um plano de redenção, o qual incluía a vinda do seu Filho Jesus à terra. Então, desde o início, vemos que Jesus tinha uma missão, o que leva a pensar que todo líder precisa descobrir sua missão. Não vou abordar esse assunto, pois já o vimos no início do livro, contudo, quero abordar a maneira como Jesus conduziu seu ministério.

Ele teve equilíbrio entre missão e família: um dia, com 12 anos de idade, seus pais foram a Jerusalém para a Festa da Páscoa; quando acabaram os dias da festa, os pais regressaram e não perceberam que Jesus não estava entre eles; porém, quando voltaram para procurá-lo, encontraram-no assentado no meio dos doutores, ouvindo-os e interrogando-os.

Quando Maria o viu, disse que ele deveria voltar com ela para sua casa, e é nesse momento que vejo algo interessantíssimo. Jesus poderia ter dito: "Maria, eu tenho uma missão e preciso cumpri-la", mas não vemos isso; o que vemos é Jesus se levantando, seguindo sua mãe e esperando 18 anos para poder começar seu ministério. Em outras palavras, Jesus sabia o que fazer, mas também sabia a hora de fazer o que era certo.

Muitos líderes se perdem porque sabem o que tem que fazer, mas se perdem na hora de fazê-lo e, acreditando que estão agradando a Deus, misturam o tempo de cada coisa. Sendo assim, entendemos que o mais importante na vida de um líder é ter uma programação e, é claro, cumpri-la. Haverá exceções? Sim! Mas precisam ser apenas exceções!

Que dia você dedica à sua família? Que dia visita seus pais? Que dia você assiste a filmes com seus filhos? Quando você sai com seu cônjuge, ainda que para andar a pé no quarteirão de sua casa? Se me disser que não tem tempo para isso porque precisa se dedicar a sua missão, então não entendeu nada e, com certeza, vai se frustrar em algum momento da sua vida. Como dizem, nenhum sucesso do mundo substitui o fracasso no lar. Tenho aprendido que sábio é aquele que ouve, entende e pratica isso que acabei de ensinar.

Jesus não só teve equilíbrio entre sua missão e sua família, como também demonstrou equilíbrio entre sua missão e o desenvolvimento de pessoas. No início do seu ministério, ele entendeu que precisaria de uma equipe; então, saiu para formá-la; o interessante é que ele encontrou pessoas de capacidades diferentes e soube identificar essas capacidades, inclusive quando eles próprios não as conheciam.

Isso nos ensina que um líder deve saber enxergar a capacidade de seus liderados e ajudá-los a desenvolvê-las; em outras palavras, ele não faz o trabalho dos liderados, mas os ajuda a fazê-lo. A frustração na vida de um líder acontece quando ele não consegue delegar funções para sua equipe por achar que eles não estão suficientemente preparados para tal; na verdade, um bom líder sabe que erros ocorrerão e que eles fazem parte do processo do aprendizado, mas não permite que esses erros afetem a motivação da equipe.

Muitos líderes se frustram quando acontecem erros em suas organizações, em seus ministérios e em suas equipes e, assim, acabam carregando um fardo pesado demais e uma pressão desnecessária. Nesse sentido, vemos mais uma característica da liderança de Jesus: **equilíbrio** entre sua missão, lazer e diversão.

> Jesus conseguia equilibrar sua missão entre lazer e diversão.

Não consigo ver um Jesus sério demais; pelo contrário, vejo um amigo, alguém que era enérgico quando precisava, mas amável, simpático e divertido também. Como posso afirmar isso? Simples: a Bíblia nos fala que as crianças gostavam de se aproximar dele, e olha que as crianças não estão nem aí para os milagres — elas se aproximam de pessoas legais, e Jesus as atraía.

Existem muitos líderes rabugentos que não conseguem se divertir durante sua missão, e colocam a culpa de seu comportamento em alguém ou em alguma situação. Por isso costumo dizer que liderança significa aprender a cuidar da sua própria vida, uma vez que você precisa aprender a se divertir, a rir de si mesmo e a não carregar um fardo que Deus não colocou sobre você.

Nesse sentido, quando entendemos que nossa missão precisa ser alegre, mudamos a forma de pensar sobre nossa vida, e tudo em nossa vida depende da forma de pensar. E a Bíblia nos orienta da seguinte maneira: "Não se amoldem ao padrão deste mundo, mas transformem-se pela renovação da sua mente, para que sejam capazes de experimentar e comprovar a boa, agradável e perfeita vontade de Deus" (Romanos 12:2).

Ah!, Biga, isso é impossível. Bom, vamos aos dados. Hoje, enquanto escrevo esse livro, tenho 43 anos, e há 15 sou pastor do Ministério Bola de Neve. Pastoreio uma das maiores igrejas de Curitiba há 13 anos e sou responsável pela implantação de igrejas em quase 80 cidades no Estado do Paraná, na Colômbia e no Paraguai. Além disso, sou responsável por duas empresas e estou casado há 19 anos com a mesma mulher. Tenho quatro filhos: um de 17 anos, outro de 11 anos, um de 6 anos e o caçula com 1 ano. Como você pode ver, tenho de lidar com diferentes fases e situações.

Sirvo como conselheiro a muitos pastores e resolvo conflitos em todas as áreas quase diariamente; além disso, minha missão é uma das mais amadas e odiadas ao mesmo tempo pelas pessoas, e não existe meio termo: ou a pessoa ama um pastor, ou ela odeia. Lido com olhares criteriosos o dia todo e nem sempre meus conselhos são ouvidos; também sou criticado muitas vezes por motivos que desconheço — por exemplo, já fiquei sabendo de pessoas que saíram da igreja porque ficaram chateadas e até hoje eu não sei o motivo.

Mesmo com todas essas coisas, nunca estive tão apaixonado por tudo o que faço e também nunca estive tão animado com o meu chamado; nunca tive tantos sonhos, nunca estive tão apaixonado pela minha esposa e nunca estive tão disposto a lidar com conflitos como hoje, e também nunca estive tão motivado para aprender coisas novas e envolvido em tantos projetos de uma vez só. Será que tenho algo de anormal? Não, na verdade, aprendi com meu mestre a ter equilíbrio entre missão, lazer e diversão.

Tudo isso nos faz pensar em mais uma característica de liderança de Jesus: equilíbrio entre sua missão e sua saúde. Várias vezes na Bíblia vemos Jesus se retirando para descansar: certa vez, ele estava em um barco com seus discípulos e sobreveio uma grande tempestade sobre eles; naquele momento, seus discípulos estavam com medo e foram atrás dele. Onde Jesus estava? Dormindo! Não há pecado em seu sono, tampouco em seu descanso.

O problema é que muitas pessoas acham isso errado, principalmente porque não entenderam o significado de entregar-se totalmente a Deus — isso significa, na verdade, dar a ele inclusive saúde, e como fazer isso se não nos alimentamos e não descansamos corretamente. Jesus caminhava por muitos lugares, mas não o vemos reclamando de cansaço nem com câimbras; pelo contrário, vejo um homem que sabia se alimentar corretamente (isto é, que não comia tudo o que colocavam na mesa) e que conseguia equilibrar alimentação, descanso e trabalho. Desse modo, Jesus entregava a Deus algo muito mais importante: sua disposição. Veja o que a Bíblia nos diz no seguinte versículo: "Ouvindo o que havia ocorrido, Jesus retirou-se de barco, em particular, para um lugar deserto. As multidões, ao ouvirem falar disso, saíram das cidades e o seguiram a pé. Quando Jesus saiu do barco e viu tão grande multidão, teve compaixão deles e curou os seus doentes" (Mateus 14:13-14).

Logo em seguida, o vemos alimentar 5 mil homens, além de mulheres e crianças:

> Ao cair da tarde, os discípulos aproximaram-se dele e disseram: "Este é um lugar deserto, e já está ficando tarde. Manda embora a multidão para que possam ir aos povoados comprar comida". Respondeu Jesus: "Eles não precisam ir. Deem-lhes vocês algo para comer". Eles lhe disseram: "Tudo o que temos aqui são cinco pães e dois peixes". "Tragam-nos aqui para mim", disse ele. E ordenou que a multidão se assentasse na grama. Tomando os cinco pães e os dois peixes e, olhando para o céu, deu graças e partiu os pães. Em seguida, deu-os aos discípulos, e estes à multidão. Todos comeram e ficaram satisfeitos, e os discípulos recolheram doze cestos cheios de pedaços que sobraram. Os que comeram foram cerca de cinco mil homens, sem contar mulheres e crianças (Mateus, 14:15-20).

Isso é o que chamamos de disposição. Enquanto isso, vemos muitas pessoas ao nosso redor reclamando de qualquer coisa a mais que lhes seja pedido para fazer; no entanto, para servir a Deus é necessário ter disposição.

Para finalizar, vemos que Jesus também tinha equilíbrio entre sua missão e sua vida com Deus; nesse sentido, a Bíblia nos dá inúmeros conselhos sobre a importância da oração. Quando olhamos para Jesus, vemos que ele sempre se retirava para orar, e todos os homens bem-sucedidos que a Bíblia retrata sempre valorizaram muito esse aspecto.

Um dia perguntaram ao Pastor David Young Choo (pastor da maior igreja do mundo) por que ele orava cinco horas por dia. A resposta foi que, se ele não orasse, simplesmente não aguentaria tanta pressão e tanta responsabilidade que sua missão exige.

Quando não dedicamos tempo à nossa vida com Deus por conta da correria do dia a dia, na realidade estamos declarando que somos autossuficientes, e esse é o motivo pelo qual muitos se perdem — isto é, por não entenderem o poder que há em uma vida dependente de Deus.

Certo dia, ouvi a seguinte afirmação: "Se nosso inimigo tivesse apenas uma munição em seu revólver para nos matar, ele apontaria em sua vida devocional, pois sabe que, se alguém não tem vida com Deus, será apenas uma questão de tempo para que ele desanime, se frustre e, consequentemente, interrompa sua missão".

Quero terminar este capítulo dizendo que você foi chamado para chegar ao final da caminhada bem e, nesse sentido, o equilíbrio é a chave para o sucesso do seu chamado. Por fim, quero que reflita sobre algumas questões:

- Depois de tudo o que leu, o que significa a palavra equilíbrio para você?
- Você tem tido equilíbrio entre sua missão e sua família?
- Tem tido equilíbrio entre sua missão e o desenvolvimento de pessoas?
- Tem tido equilíbrio entre sua missão, o lazer e a diversão?
- Tem tido equilíbrio entre sua missão e sua saúde?
- Tem tido equilíbrio entre sua missão e sua vida com Deus?

Se sua resposta a essas perguntas forem "não", pense urgentemente em quais atitudes você pode tomar para trazer equilíbrio em todas essas áreas, tendo em mente que, se não obtiver equilíbrio em todas essas áreas, certamente viverá muitas frustrações, e não é isso que líderes que tem uma visão desejam, certo?

capítulo | **8** |

A VISÃO DETERMINA SEU **Legado**

Neste capítulo, quero que você pare um pouco e faça uma atividade: pense em todos os líderes que você já teve até hoje (pai, mãe, professores, chefes, pastores) e, então, liste todos os defeitos possíveis deles — quando feriram, abusaram de você, quando não o incentivaram, quando não o elogiaram e quando lhe impuseram suas vontades.

Depois que listar esses defeitos, marque os cinco piores; então, olhe para essa folha e responda:

- Com quais desses defeitos você se identifica?
- Quais desses defeitos tem carregado?
- Como você tem agido como pai/mãe, como líder, como marido/esposa?
- Consegue perceber como a má liderança influencia de uma maneira negativa?
- Você consegue perceber que as atitudes de um líder podem fazer toda a diferença?

A ideia deste capítulo é alertá-lo para o seguinte: querendo ou não, você está escrevendo uma história, isto é, está deixando um legado; o problema é que, muitas vezes, vivemos nossa vida despretensiosamente e pensamos mais em nós mesmos do que nas outras pessoas — e isso é um problema, porque nossas atitudes estão marcando todas as pessoas com quem nos relacionamos (seja no trabalho, na igreja, seja em nossa casa).

Para que isso fique mais claro, vamos analisar a história de Josué e Calebe e ver o que ela nos ensina sobre legado.

Tudo começa com uma missão: "E o SENHOR disse a Moisés: 'Envie alguns homens em missão de reconhecimento à terra de Canaã, terra que dou aos israelitas. Envie um líder de cada tribo dos seus antepassados'" (Números 13:1-2). A primeira lição aqui é que para Deus não há acepção de pessoas, ou seja, Deus não tem favoritos. O que há são oportunidades, algumas das quais são aproveitadas e outras, ignoradas.

Você terá várias oportunidades na vida, então, quando elas baterem à sua porta, abra e permita que ela entre. Tenho aprendido que Deus não fará o que estiver em nossas mãos — em outras palavras, o impossível sempre será assunto para Deus, mas ele certamente espera que tenhamos atitude quando algo é possível. No entanto, vemos muitas pessoas ignorando as oportunidades, e o versículo 3 nos ajudará a entender por quê: "Assim Moisés os enviou do deserto de Parã, conforme a ordem do SENHOR. Todos eles eram chefes dos israelitas" (Números 13:3).

Como o versículo diz, todos aqueles homens eram chefes de suas tribos, o que nos mostra que todos eles tiveram a mesma oportunidade e não houve distinção ali. O problema é que, muitas vezes, as desculpas são maiores do que a disposição de encontrar respostas. Eles só precisavam espiar a terra e ver as oportunidades que aquele lugar podia oferecer-lhes. Qual é o problema, então? O problema é que, quando uma pessoa não se importa com o legado, ela sempre olhará a terra de oportunidades segundo as facilidades, e não segundo a promessa e o futuro.

Geralmente, as grandes oportunidades chegam em embalagens nem sempre atrativas, mas, no caso daqueles homens, havia uma promessa envolvida — afinal de contas, eles saíram do Egito a caminho dessa terra. Todavia, como já estavam no deserto há muito tempo, acabaram não percebendo a grande oportunidade diante deles quando chegaram ao local; em outras palavras, não perceberam que aquele era o momento de contemplarem a promessa que havia sido feita, que era o momento de concentrar sua energia e todo o coração naquela missão.

Porém, aconteceu o oposto; em vez de se motivarem e agirem com ânimo, eles olharam tudo pelo prisma de sua antiga mentalidade — a de um escravo! E como um escravo pensa? Eu faço minha parte e você me sustenta; eu cumpro meu horário, mas, quando chegar à casa, quero minha comida pronta. Se você estudar essa história, verá que, em certo momento, esse povo começou a reclamar com Moisés porque eles sentiam falta das cebolas e dos alhos que comiam no Egito: "Um bando de estrangeiros que havia no meio deles encheu-se de gula, e até os próprios israelitas tornaram a queixar-se, e diziam: "Ah, se tivéssemos carne para comer! Nós nos lembramos dos peixes que comíamos de graça no Egito, e também dos pepinos, das melancias, dos alhos-porós, das cebolas e dos alhos" (Números 11:4-5).

Eles trabalhavam, e trabalhavam pesado. A questão é que um escravo pensa de acordo com as necessidades atuais, não segundo um plano futuro, ou seja, vale mais a certeza de um pouco no bolso do que a promessa de uma terra farta. Por isso a grande luta de Deus sempre foi mudar a mentalidade desse povo, pois eles deveriam pensar como conquistadores, não como escravos.

Hoje em dia não é diferente, porque as oportunidades nunca cessaram. Entretanto, nem todas as pessoas têm a mentalidade correta para aproveitar essas oportunidades, pois muitos pensam da seguinte forma: "Não preciso disso, tenho o suficiente para hoje, não preciso me empenhar mais, nem trabalhar mais". Precisamos entender que alguém com mentalidade escrava trabalha por causa de uma necessidade, contudo, quem possui a mentalidade de conquistador não trabalha por dinheiro, mas sim por um propósito.

Precisamos saber que o propósito de Deus para nós sempre será maior do que os recursos que temos — em outras palavras, o propósito é maior do que a necessidade.

Entenda que muitos nunca viverão no propósito de Deus porque sua visão só chega até onde está sua necessidade; todavia, Deus sempre te motivará a viver por um propósito, por isso ele lhe deu uma visão, mas ele nunca irá além do nosso livre arbítrio e sempre respeitará nosso limite. Por isso que falo sobre o **atestado de limite**, que é quando você, com suas palavras, diz: "Deus, chega! Não aguento mais!".

> O atestado de limite é quando você, com suas palavras, diz: "Deus, chega! Não aguento mais!".

Uma vez, uma líder me perguntou como eu não "perdia a cabeça" cuidando de tantas coisas ao mesmo tempo; então, mostrei a ela um quadro que retrata a visão que Deus me deu e respondi: "Enquanto eu não chegar a essa visão, não posso me dar ao luxo de perder a cabeça".

Meu conselho para você é o seguinte: Deus nunca lhe dará uma oportunidade que você não seja capaz de aproveitar; portanto, se ele lhe deu um sonho, dentro de você há como alcançá-lo. Porém, isso dá trabalho e requer uma maneira diferente de pensamento e de entendimento. Quanto a isso, a Bíblia nos orienta o seguinte: "Não se amoldem ao padrão deste mundo, mas transformem-se pela renovação da sua mente, para que sejam capazes de experimentar e comprovar a boa, agradável e perfeita vontade de Deus" (Romanos 12:2). Em outras palavras, Deus não quer que nos conformemos com a situação que vivemos, mas sim que busquemos em Deus forças para compreendermos a situação que vivemos por meio da visão do Espírito Santo e aproveitemos as oportunidades que estão diante de nós.

Porém, não foi isso que aconteceu com dez dos doze espias. Quando eles retornaram, trouxeram um relatório: "E deram o seguinte relatório a Moisés:

"Entramos na terra à qual você nos enviou, onde há leite e mel com fartura! Aqui estão alguns frutos dela. Mas o povo que lá vive é poderoso, e as cidades são fortificadas e muito grandes. Também vimos descendentes de Enaque" (Números 13:27-28).

Nossa tendência é ver o mundo segundo a nossa lente — como o foco dos dez espias não estavam na terra das oportunidades, eles viram os obstáculos em vez de enxergar as maravilhas de Deus. Mesmo tendo trazido o fruto para mostrar ao povo, reconhecendo que o fruto era bom e que realmente Deus tinha uma terra boa para eles, o povo não concentrou suas forças nisso, e sim nas dificuldades.

Nesse sentido, dou-lhe um conselho importante: tome cuidado com pessoas que sopram em sua fraqueza. Lembra de Sansão? Ele não precisou de um exército para ser destruído — sucumbiu a apenas uma mulher que descobriu e se aproveitou de suas fraquezas. Cuidado também com pessoas que vivem ressaltando suas necessidades e preferem apontar o que lhe falta, em vez de valorizar a promessa de Deus para sua vida, pois essas pessoas são aquelas que pegaram o fruto nas mãos, mas olharam para as dificuldades.

Se você concentrar sua força em resolver as dificuldades da vida, em pouco tempo estará em crise e cheio de ansiedade, porque a vida não é feita de algodão. Todavia, vemos Deus nos dizendo: "[...]Neste mundo vocês terão aflições; contudo, tenham ânimo! Eu venci o mundo" (João 16:33).

Deus não ignora as dificuldades da nossa vida, mas, ao estudar sua Palavra, sempre o veremos nos incentivando a conquistar: "Não fui eu que lhe ordenei? Seja forte e corajoso! Não se apavore, nem desanime, pois o SENHOR, o seu Deus, estará com você por onde você andar" (Josué 1:9).

Como disse no início, suas atitudes estão escrevendo uma história e produzindo frutos; então, é importante que você pense em quais frutos está produzindo. No caso dos dez espias, quais frutos eles produziram com aquele relatório pessimista? Somente coisas ruins, como:

- **Alvoroço, distúrbio e choro**: "Naquela noite toda a comunidade começou a chorar em alta voz (Números 14:1).
- **Murmuração e desejo de morte**: "Todos os israelitas queixaram-se contra Moisés e contra Arão, e toda a comunidade lhes disse: 'Quem dera tivéssemos morrido no Egito! Ou neste deserto!'" (Números 14:2).
- **Dúvida da promessa de Deus e desejo de voltarem a ser escravos**: "Por que o Senhor está nos trazendo para esta terra? Só para nos deixar cair à espada? Nossas mulheres e nossos filhos serão tomados como despojo de guerra. Não seria melhor voltar para o Egito?" (Números 14:3).
- **Revolta contra a liderança**: "disseram uns aos outros: 'Escolheremos um chefe e voltaremos para o Egito!'" (Números 14:4).

Todo fruto produzido pelo relatório pessimista dos dez enviados é altamente criticado por Deus em sua Palavra:

- quando se diz de alvoroço e distúrbio, a Palavra diz para não andarmos ansiosos por coisa alguma;
- quando se diz de choro; a Palavra diz que o Senhor enxugará de nós toda a lágrima;
- quando se diz de murmuração; a Palavra diz que devemos fazer tudo sem murmurações;
- quando se diz sobre o desejo de morte; a Palavra diz que nosso Senhor Jesus é o caminho, a verdade e a vida;
- quando se vê a dúvida da promessa de Deus; a Palavra diz que Ele não é homem para que minta, nem filho do homem para que se arrependa — se Deus fez uma promessa, ele a cumprirá;

- quando se vê o desejo de voltar a serem escravos; a Palavra diz que não é sábio pensar que os dias passados foram melhores do que os atuais;
- quando se fala sobre a revolta contra a liderança; a Palavra diz para honrarmos nossos superiores.

Em outras palavras, o relatório só produziu obras da carne — e, por falarmos em legado, responda: você sabe o nome desses dez espias? Com certeza não — aliás, ninguém se lembra deles; inclusive, todos os que acreditaram neles não entraram na terra. Em contrapartida, os dois espias são lembrados até hoje, séculos depois do ocorrido, por causa de sua atitude diante da situação: "Então Calebe fez o povo calar-se perante Moisés e disse: 'Subamos e tomemos posse da terra. É certo que venceremos!'" (Números 13:30).

Qual o legado deixado por Josué e Calebe? Uma nova geração nasceu no deserto, e foram estes que acreditaram e entraram na terra das oportunidades que Deus havia prometido. O detalhe é que legado atravessa gerações e, mesmo depois de mais ou menos 4 mil anos, ainda hoje as crianças cantam: "Vem com Josué lutar em Jericó!".

Vemos que Calebe, por meio da sua disposição, inspira pessoas até hoje:

> Pois bem, o Senhor manteve-me vivo, como prometeu. E foi há quarenta e cinco anos que ele disse isso a Moisés, quando Israel caminhava pelo deserto. Por isso aqui estou hoje, com oitenta e cinco anos de idade! Ainda estou tão forte como no dia em que Moisés me enviou; tenho agora tanto vigor para ir à guerra como tinha naquela época. dê-me, pois, a região montanhosa que naquela ocasião o Senhor me prometeu. Na época, você ficou sabendo que os enaquins lá viviam com suas cidades grandes e fortificadas; mas, se o Senhor estiver comigo, eu os expulsarei de lá, como ele prometeu (Josué 14:10-12).

Em outras palavras, até hoje Josué e Calebe influenciam gerações e podemos tê-los como exemplo, todavia, não precisamos esperar 4 mil anos para que nossa história seja um exemplo para as pessoas. Neste momento, valem alguns questionamentos: Que história você está escrevendo hoje? Qual legado você está deixando hoje? Como seus superiores o veem? E seus pais? E seus companheiros de trabalho, de estudo, de célula? E seus filhos? Será que as pessoas o veem como um exemplo a ser seguido em alguma área? Ou como alguém sem nenhuma importância?

É importante que você se lembre de que fomos chamados para marcar uma geração e impactar pessoas, bem como para ser extensão do Reino de Deus na terra, tendo em mente que o próprio Jesus disse que faríamos obras maiores que as dele. Contudo, vale lembrar que em três anos e meio ele marcou gerações. De qualquer modo, o desejo dele é que você marque (pelo menos) os que estão ao seu redor, e isso me faz lembrar da seguinte frase de Billy Graham: "Somos chamados para ser luz do mundo; portanto, se você não foi chamado para ser um holofote e iluminar milhares de pessoas, seja pelo menos uma vela, mas ilumine os que estão ao seu redor!"

Então, novamente vale a pergunta: que história você está escrevendo? Que legado você está deixando? Pense seriamente sobre essa questão, pois um dia seremos cobrados por isso! E a atitude mais sábia é chegarmos nesse dia podendo dizer: "Senhor, fiz o que tinha que fazer: dei um exemplo de alguém que não desistiu e, com meu exemplo, pude influenciar pessoas a não desistirem também!"

Com 85 anos, Calebe ainda pensava em conquistar as promessas de Deus para sua vida, e essa postura me ensina que você e eu ainda temos muita energia para queimar, ou seja, ainda temos muito a contribuir com o Reino de Deus; então, erga a cabeça e tenha a postura correta, pois esse é o sonho de Deus para você!

capítulo | 9 |

A VISÃO DETERMINA A **Maturidade** DIANTE DA SUA **Missão**

Tenho aprendido muito sobre o fato de que Deus não usará a totalidade de uma pessoa que não estiver disposta a vencer a imaturidade, por isso escrevi um livro inteiro sobre como **vencer a imaturidade**. Acredito que a imaturidade não tratada conduz o homem a crises não resolvidas e, consequentemente, a não viver todos os sonhos que Deus teria para sua vida. Quando nos permitimos ser curados da imaturidade, passamos a enxergar as crises de uma maneira diferente. Nesse momento, o indivíduo para de encarar a vida como uma série de problemas a serem resolvidos e passa a encará-la como desafios a serem vencidos — em outras palavras, é uma mudança de pensamento.

Contudo, nem todo mundo vence a imaturidade, porque falta a essas pessoas humildade para enxergá-la. Esta postura evidencia uma das características da imaturidade: falta de percepção dela em nossas vidas, enxergando-a apenas na vida dos outros.

Mas como vencer a imaturidade? Abordo esses pontos com mais profundidade em *Vencendo a imaturidade*, mas tratarei disso um pouco aqui. Para vencer a **imaturidade**, o mais importante é desprender-se de algumas atitudes imaturas, como as que apresentamos a seguir.

> Para vencer a imaturidade, é importante desprender-se das atitudes imaturas.

Acostumar-me com a imaturidade

A imaturidade, por incrível que pareça, traz seus benefícios — por exemplo, a pessoa muitas vezes se torna o centro das atenções. Quando uma pessoa está no tempo da imaturidade, ela traz benefícios e atenção — por exemplo, você já viu uma criança aprendendo a andar? Se ela for filha de pais superprotetores, terá dificuldades de aprender, porque com certeza ficará mais no colo; no entanto, se seus pais não tiverem essa característica, é provável que ela aprenda mais cedo, uma vez que de certa maneira terá mais "liberdade".

Em geral, a criança consegue essa atenção porque está vivendo seu tempo de aprendizagem, mas, se um adulto tiver atitudes semelhantes, logo as pessoas se afastarão dele, porque não é algo normal, está fora do seu tempo.

As pessoas imaturas até podem conseguir atenção por um tempo, mas logo perderão a graça; contudo, em vez de ela mudar de atitude, prefere mudar de ambiente para continuar sendo o centro das atenções. O problema é que, com isso, essa pessoa se acostuma com essa atenção e ignora o fato de que precisa crescer — em outras palavras, não consegue discernir o tempo das coisas.

Não discernir o tempo adequado é bem complicado, em alguns momentos, pode trazer consequências sérias. Davi nos mostra um exemplo de falta de discernimento: "Na primavera, época em que os reis saíam para a guerra, Davi enviou para a batalha Joabe com seus oficiais e todo o exército de Israel; e eles derrotaram os amonitas e cercaram Rabá. Mas Davi permaneceu em Jerusalém". Como podemos ver, Davi deveria ter saído com os reis para a guerra, mas, em vez disso, resolveu ficar; nesse momento, não soube discernir o tempo exato das coisas, pois sua obrigação era estar na guerra com os outros reis.

Pessoas imaturas não conseguem ter discernimento em suas vidas

Muitos não conseguem discernir quando e como agir: quando deveriam dormir, querem sair; quando deveriam sair, querem dormir. Quando deveriam trabalhar, querem jogar vídeo game, mas, quando deveriam relaxar e jogar vídeo game, levam trabalho para casa e não dão atenção à família. O equilíbrio com relação ao tempo e às pessoas mostra o nível de maturidade (ou falta dela). Você precisa aprender a administrar suas funções, ou seja, existem momentos em que precisará ser pai/mãe, outros nos quais precisará ser o(a) chefe, e outros ainda em que deverá ser marido/esposa e também ter o cuidado de não mudar o caráter quando se muda a forma de tratamento. Por exemplo, há uma diferença entre a Vivi, minha esposa, e a Viviane minha ovelha, mesmo que sejam a mesma pessoa; em outras palavras, não a estou distratando porque mudei a forma de falar; na verdade, o que fiz foi adequar a linguagem à situação. Quando não há essa coerência, isso dificulta muito a convivência — aliás, muitas crianças, quando se tornam jovens, acabam abandonando a igreja porque não veem coerência entre o que seus pais dizem na igreja e a maneira como agem em casa.

Pessoas imaturas não têm compromisso com horário

Veja a seguinte passagem: "Uma tarde Davi levantou-se da cama e foi passear pelo terraço do palácio. Do terraço viu uma mulher muito bonita tomando banho" (2Samuel 11:3). Não há nenhum problema em dormir até tarde, mas esse não era o caso de Davi, pois ele não estava apenas dormindo, mas sim descansando enquanto os outros reis estavam guerreando. Há uma frase da qual gosto muito: "A pontualidade é a marca dos príncipes"; em outras palavras, pessoas honradas têm compromisso com horário e respeitam isso porque também honram as outras pessoas que comparecem ao compromisso. Sabemos que imprevistos acontecem, e, nesses casos, sempre é bom informar; contudo, muitas pessoas fazem do atraso uma rotina, ou seja, já não vivem de imprevistos, e sim de descompromisso com o tempo e com as pessoas.

Uma pessoa imatura se preocupa demais com a vida dos outros

Observe os versículos a seguir: "Uma tarde Davi levantou-se da cama e foi passear pelo terraço do palácio. Do terraço viu uma mulher muito bonita tomando banho, e mandou alguém procurar saber quem era. Disseram-lhe: "É Bate-Seba, filha de Eliã e mulher de Urias, o hitita" (2Samuel 11:2-3). Quando viu a mulher, Davi logo quis saber quem ela era. Mas o que ele tinha a ver com isso? Nada! Além disso, quando há um interesse pela vida alheia, isso pode trazer sérios problemas para nossa vida.

Nesse momento, é importante pensar no seguinte: quanto mais você se preocupar com a vida alheia, menos você estará apto a sair dessa fase de imaturidade. Sei que, muitas vezes, a vontade de saber da vida do vizinho é grande, mas é importante aprendermos a regar a nossa grama para que ela não morra e se torne em um terreno inútil — portanto, é melhor investir e cuidar da nossa vida do que nos preocuparmos com a vida alheia.

Uma pessoa imatura permite ser levada por seus sentimentos

Observe a seguinte passagem: "e mandou alguém procurar saber quem era. Disseram-lhe: "É Bate-Seba, filha de Eliã e mulher de Urias, o hitita". Davi mandou que a trouxessem, e se deitou com ela, que havia acabado de se purificar da impureza da sua menstruação. Depois, voltou para casa". Após ver a mulher se banhando,

Davi mandou que a trouxessem para que ele pudesse se deitar com ela. Houve um tempo entre a ordem dele e a chegada dela, ou seja, ele teve tempo de pensar, esfriar os ânimos e fugir daquela cilada armada pela atual situação de imaturidade daquele momento. Porém, não foi o que ele fez, e as consequências, como sabemos, foram desastrosas.

Um dos segredos de se ter atitudes saudáveis é manter pensamentos saudáveis, pois tudo começa na mente. Quando alguém comete um erro, como um adultério, não pode justificar que "a carne é fraca", pois uma atitude como essa não ocorre de um momento para o outro; pelo contrário, quando alguém cede a uma tentação assim, com toda certeza já estava alimentando esse pensamento em sua mente.

Sobre isso, há um conselho na Palavra de Deus: "As armas com as quais lutamos não são humanas; ao contrário, são poderosas em Deus para destruir fortalezas. Destruímos argumentos e toda pretensão que se levanta contra o conhecimento de Deus, e levamos cativo todo pensamento, para torná-lo obediente a Cristo" (2Coríntios 10:4-5).Muitas pessoas estão tentando vencer os maus pensamentos com sua própria força, mas isso nunca acontecerá, pois é uma luta desigual. Nesse sentido, a Bíblia nos adverte a fugir da aparência do mal, portanto, não brinque com o perigo, pois nosso inimigo sabe que, se ele derrubar um líder, muitos cairão junto — como a própria Bíblia ensina em Mateus 26: se o pastor for ferido, as ovelhas se dispersarão.

Uma pessoa imatura tem a necessidade de motivação extrínseca

As pessoas imaturas têm necessidade de aprovação externa para a realização de atividades, e essa é uma das armas do nosso inimigo para destruir futuros campeões, que tem como estratégia fazer essas pessoas se tornarem dependentes de aplausos das pessoas ao redor. Isso faz com que os imaturos desanimem quando perceberem que suas ideias não estão sendo apoiadas; em contrapartida, as pessoas maduras têm plena consciência de que, muitas vezes, as outras pessoas não entenderão suas ideias e pretensões, no entanto, quando têm convicção do que estão fazendo e de sua visão, seguem em frente para realizá-las, pois entendem que o importante é ter a aprovação de Deus. Sabem também que esta muitas vezes é contraditória à visão das pessoas deste mundo; e, mesmo com a desaprovação do mundo, seguem focadas na concretização de seus objetivos.

Uma pessoa imatura sofre com a falta de concentração em metas previamente definidas

Tenho aprendido que pessoas de sucesso possuem uma enorme capacidade de concentração em suas metas, porém, algumas não conseguem manter essa concentração. Por que isso acontece? Há algumas justificativas. Em *Administração do tempo*, os autores William Douglas e Alberto Dell'isola comentam algumas das possíveis causas da falta de concentração:

- **Excessos de estímulos simultâneos:** se você não cuidar, passa o dia todo atualizando todas as redes sociais e deixando de manter sua vida atualizada.
- **Multitarefas:** a vida nos cobra que façamos muitas coisas ao mesmo tempo.
- **Tarefas mais agradáveis que concorrem com a tarefa a ser executada:** sem disciplina, você não conseguirá deixar de fazer algo prazeroso por realizar sua obrigação em determinado momento.
- **Sonhar acordado:** em outras palavras, distrair-se é muito fácil.

Uma pessoa imatura sofre porque desconhece de sua real missão

No livro *A lei do reconhecimento*, Mike Murdock comenta sobre alguns fatos que precisamos saber acerca de nossa missão, que sempre será a favor de uma pessoa ou de um povo — em outras palavras, nossa missão sempre terá um destino.

Deus nos orienta quanto a isso em sua Palavra: "O Senhor, porém, me disse: "Não diga que é muito jovem. A todos a quem eu o enviar, você irá e dirá tudo o que eu lhe ordenar" (Jeremias 1:7).

Somos filhos do mesmo pai, temos o mesmo Deus, contudo, temos missões distintas; você precisa entender isso, senão a tendência será viver sua vida, comparando-se com outros líderes e ministros. Além disso, sua missão determina o sofrimento e os ataques que você encontrará. Nesse aspecto, o apóstolo Paulo diz o seguinte: "Por essa causa também sofro, mas não me envergonho, porque sei em quem tenho crido e estou bem certo de que ele é poderoso para guardar o que lhe confiei até aquele dia" (2Timóteo 1:12).

Vale lembrar que, assim como no caso de Adão, em todo jardim sempre haverá uma serpente cuja missão é tirar a pessoa desse lugar; isso nos mostra que toda missão terá um inimigo cuja missão é fazer com que você desista de viver o que nasceu para viver. É inocência pensar que não encontrará inimigos em sua caminhada; se você pensa assim, é preciso que entenda o seguinte: você sempre terá um inimigo, pois a Bíblia diz que muitos nos odiarão por causa da nossa fé. Neste momento, você deve estar fazendo a seguinte pergunta: "Biga, quem é meu inimigo?". Eu respondo: seu inimigo é qualquer coisa ou pessoa que tente sabotar a missão de Deus para sua vida: "Vocês corriam bem. Quem os impediu de continuar obedecendo à verdade? Tal persuasão não provém daquele que os chama. 'Um pouco de fermento leveda toda a massa". Resumindo, nosso inimigo pode ser qualquer pessoa que fique infeliz com nosso progresso.

Isso aconteceu com Neemias: "Então a gente da região começou a desanimar o povo de Judá e a atemorizá-lo, para que não continuasse a construção. Pagaram alguns funcionários para que se opusessem ao povo e frustrassem o seu plano. E fizeram isso durante todo o reinado de Ciro até o reinado de Dario, reis da Pérsia" (Esdras 4:4-5).

Nosso inimigo é qualquer pessoa que destaque uma fraqueza que Deus está tentando remover de nossa vida. Vocês se lembram de Sansão? Uma mulher começou a soprar na fraqueza dele todos os dias até que ele acabou cedendo e perdendo a vida por não prestar atenção ao que essa mulher estava fazendo com ele.

A ideia do nosso inimigo em enviar pessoas para soprar em nossas fraquezas é expor nossos fracassos e nossas limitações; contudo, sabemos que, quando reconhecemos nossa fraqueza, isso gera humildade, e a humildade é o ímã que atrai Deus e seus anjos.

Entenda o seguinte: quando você reconhece suas limitações, isso terá o poder de fazer com que olhe para o lado, pois, independentemente de sua deficiência, Deus já compensou isso em outra pessoa próxima a você, e o inimigo sabe disso, por isso ele irá minar as pessoas confiáveis que estão do seu lado.

Compreenda esta máxima: quando o inimigo quer te enfraquecer, ele cercará aqueles que estão próximos a você, por isso, cuide para não perder amizades e, também, para não abandonar quem está sofrendo ataques simplesmente pelo fato de estarem ao seu lado. Muitas vezes, são pequenas atitudes ou palavras dessas pessoas que o fazem querer se distanciar delas, então, cuidado, porque você e eu precisamos de pessoas confiáveis ao nosso lado.

A missão é geográfica, ou seja, o lugar onde você está importa tanto quanto o que você é — em outras palavras, a geografia importa, pois controla o fluxo do favor de Deus em sua vida, e você não pode querer fluir em Deus se estiver fazendo a coisa certa no lugar errado.

Jesus, aos 12 anos de idade, estava fazendo o que era certo, contudo, percebeu que era o lugar e o tempo errado; então, ele volta e aguarda mais 18 anos para dar início ao seu ministério. Isso me mostra que uma das missões de nosso inimigo é fazer-nos sair de nossa geografia e agir antes da hora.

Quantos se frustraram porque foram fazer o que tinham vontade, mas o fizeram na hora errada; quantos missionários estão frustrados em seus campos de missões; quantos casais frustrados porque agiram de acordo com o que tinham no coração e não tiveram paciência para esperar o momento certo.

Por esse motivo, creio que uma das tarefas do nosso inimigo é levar-nos a sermos precipitados e impacientes, então, cuide dessas duas coisas, pois são atitudes de pessoas imaturas; além disso, você só será bem-sucedido se sua missão se tornar sua maior obsessão. O Apóstolo Paulo faz uma declaração importante sobre isso: "Irmãos, não penso que eu mesmo já o tenha alcançado, mas uma coisa faço: esquecendo-me das coisas que ficaram para trás e avançando para as que estão adiante, prossigo para o alvo, a fim de ganhar o prêmio do chamado celestial de Deus em Cristo Jesus".

Uma pessoa imatura percorre sua missão enquanto for conveniente, agradável e enquanto não houver maiores obstáculos; por outro lado, pessoas maduras, que entendem sua missão, compreendem que, quanto maior a dificuldade, maiores serão as recompensas, e, para que você alcance essas recompensas, precisa passar pelas fases de preparação. Você não pode pensar que viverá todos os planos de Deus sem viver e passar por momentos de preparação; nesse sentido, a Bíblia diz o seguinte: "Procure apresentar-se a Deus aprovado, como obreiro que não tem do que se envergonhar e que maneja corretamente a palavra da verdade" (2Timóteo 2:15).

Uma pessoa imatura sofre com uma visão limitada

Se você estudar os espias que foram ver a terra prometida, perceberá claramente que, por causa de uma visão limitada, eles viram as dificuldades, e não as oportunidades. Porém, além das dificuldades, havia uma terra cheia de oportunidades, mas eles não entraram nela. Por quê? Porque não conseguiram enxergar. Aqui, vale um conselho: Aquilo que você pode ver, poderá ser buscado. Por isso, a

Bíblia nos ensina o seguinte: "Todavia, lembro-me também do que pode me dar esperança" (Lamentações 3:21).

Quando você entende esse versículo, compreende que as imagens mentalizadas determinam nosso foco, e esse foco determina nosso comportamento. Quando sua visão é de fé, ela instiga e inspira sua busca; sendo assim, rejeite toda imagem de dúvida e de derrota em sua mente, lembrando que os espias se viram derrotados e não conseguiram se ver como conquistadores, e, por esse motivo, acabaram vivendo de acordo com seus pensamentos.

Sendo assim, alimente-se de uma imagem de fé e das promessas de Deus para sua vida porque a visão gera o anseio. Como já foi dito, o que você vê, busca! Se a Bíblia me diz que, assim como imagina minha alma, assim eu sou, então há um "eu" ideal, um "eu" projetado por Deus. Assim, quero então propor uma tarefa a você neste capítulo; para isso, responda às seguintes perguntas.

- **Desenhando seu "eu" ideal:** o que você gostaria de alcançar? No que gostaria de ser bom? Quais as qualidades, as competências ou os talentos que você gostaria de ter? Em que você gostaria de acreditar sobre si mesmo? Quem você quer ser?
- **Avaliando seu "eu" real:** o que você faz atualmente? No que você é bom hoje? Quais são suas qualidades, competências e talentos? Em que você acredita sobre si? Quem é você?
- **Planejando a mudança:** o que é preciso desenvolver para atingir seu "eu" ideal? O que você precisa mudar, adquirir ou aprender para atingir seu "eu" ideal?
- **Praticando os novos comportamentos:** que oportunidades você tem para testar e praticar os novos conhecimentos? Que experiências podem te ajudar a obter a mudança e os resultados desejados?
- **Usando um relacionamento de apoio:** quem poderá ajudá-lo nisso? Que tipo de recursos de apoio você poderá utilizar?

Fazendo tais exercícios, você certamente ampliará sua visão, e isso norteará sua trajetória para alcançar sua visão, uma vez que você fará uma autoavaliação, planejará as mudanças necessárias, mudará seu comportamento e se apoiará em bons relacionamentos, sendo, assim, bem-sucedido em sua caminhada.

capítulo | **10** |

A VISÃO DETERMINA O "**Norte**" DE SUA VIDA

Para falar sobre a letra "N", preciso voltar a uma citação do Dr. Myles Munroe, o qual dizia que o lugar mais rico de uma cidade é seu cemitério, porque muitas pessoas morrem cheias de propósitos e tesouros que nunca foram acessados nem utilizados. Essas são as pessoas que desperdiçaram tesouros por terem escolhido o que queriam, e não o que nasceram para ser, e isso é um assunto muito sério, pois Deus respeita as nossas decisões. Se você estudar a história bíblica, verá que Deus nunca forçou ninguém a segui-lo; ele mostrava o caminho e os benefícios de obedecer a ele, contudo, nunca forçava o povo a segui-lo: "Hoje invoco os céus e a terra como testemunhas contra vocês, de que coloquei diante de vocês a vida e a morte, a bênção e a maldição. Agora escolham a vida, para que vocês e os seus filhos vivam (Deuteronômio 30:19).

Quando você tem uma visão, essa visão o conduzirá; o problema é que muitos estão ocupados demais para se preocupar com isso e definem tantas prioridades, que o material se tornou mais importante do que as coisas que realmente importam.

Um dia, eu parei para perguntar para Deus sobre meu futuro e disse: "Pai, há algo dentro de mim que ainda não saiu? Há planos para minha vida que ainda desconheço?" Naquela época, não imaginava que estaria ministrando sobre liderança, muito menos escrevendo livros sobre o assunto. Isso é interessante porque, quanto mais você se conecta à vontade de Deus para sua vida, mais usufruirá dos três "Ps" que estão destinados a quem encontra o **centro da vontade dele**, a saber, **paz, poder** e **provisão**.

> Quanto mais você se conecta à vontade de Deus para sua vida, mais usufruirá de paz, poder e provisão.

As pessoas buscam a paz em diversos lugares, entretanto, vejo pessoas sem rumo e buscando um lugar que não sabem onde fica; vejo também pessoas buscando o poder de realização, mas encontrando apenas frustração. O que elas não entendem é que o poder de realização se encontra na estrada da **obediência**, mas, na estrada da independência de Deus, a única coisa que encontrarão será a **frustração** — e isso me leva ao terceiro "P", provisão. As pessoas estão buscando provisão, olhando apenas para o que seus próprios braços podem produzir. Tenho aprendido que Deus só tem compromisso com quem tem compromisso com Ele.

> As pessoas precisam entender que o poder de realização se encontra na estrada da **obediência**, mas, na estrada da independência de Deus, a única coisa que encontrarão será a **frustração**.

Finanças é um assunto espiritual e, quanto mais dirigido por Deus você for, mais esse assunto norteará sua vida. Qual o segredo então? O segredo é que não há segredo! O caminho está livre e você pode descobrir o que Deus tem para sua vida, e isso é reforçado pela Bíblia: "Muitos são os planos no coração do homem, mas o que prevalece é o propósito do SENHOR" (Provérbios 19:21).

Você precisa ter em mente que não escolhe o que vai ser na vida, mas descobre quem Deus já o fez ser, por isso este capítulo é tão importante, uma vez que você não foi chamado para ficar perdido pelo meio do caminho nem para ficar chorando porque está sem rumo. Não! Você tem um pai que já desenhou sua vida, então, o que falta é apenas você ser sensível à direção que ele está lhe dando.

Para isso, é importante que você entenda que ser bem-sucedido tem a ver com completar o Salmos 139; em outras palavras, é dizer como Jesus disse quando de seu último suspiro na terra: "Está consumado!". É dizer como Paulo disse: "Combati o bom combate, terminei a corrida, guardei a fé!" (2Timóteo 4:6). Resumindo, é dizer no final da sua vida: "Fiz o que tinha que fazer e realizei o que tinha de realizar".

Isso quer dizer que seu sucesso depende de você descobrir o que Deus escolheu ungir em sua vida. Davi, ao se oferecer para enfrentar Golias, teve que vestir a roupa de guerra do Rei Saul, contudo, sua resposta nos dá uma dica muito importante: "Saul vestiu Davi com sua própria túnica, colocou-lhe uma armadura e lhe pôs um capacete de bronze na cabeça. Davi prendeu sua espada sobre a túnica e tentou andar, mas não estava acostumado com aquilo. E disse a Saul: Não consigo andar com isto, pois não estou acostumado'. Então tirou tudo aquilo" (2Samuel 17:38-39).

Davi estava dizendo algo para o Rei Saul. "Rei, respeito e honro sua preocupação comigo, mas aquilo que parece incomum aos seus olhos é exatamente o que Deus derramou sobre minha vida". E o que era? Um estilingue e pedras.

Todas as vezes que Deus quer levantar alguém, ele fará uma pergunta: "O que você tem em suas mãos?" Moisés tinha um cajado; Davi tinha as pedras; Abraão tinha fé e José tinha perseverança e um sonho; Rute tinha honra; Josué tinha coragem; Paulo tinha humildade para começar tudo de novo, pois havia aprendido aos pés de Gamaliel e soube dar um passo atrás e aprender tudo novamente, mas desta vez aos pés do Espírito Santo.

O que eu tinha quando Deus me chamou? Um skate, algo desvalorizado pelas pessoas, mas altamente valorizado por Deus, e isso me ensina algo muito forte: você não precisa ter o que as outras pessoas têm! Então, pare com toda e qualquer forma de comparação, pois esta é a maior arma contra a vida de um líder cristão, uma vez que ela exalta o orgulho, pois, quando você se compara com alguém que tem menos que você, isso o faz pensar que você é melhor que seu irmão. Além disso, a comparação exalta a ingratidão, pois, quando você se compara com alguém que tem mais que você, isso o faz pensar que Deus está sendo infiel com você.

A comparação também mata a paixão na vida de um líder, pois você pode até conseguir ter o que seu irmão tem, mas não encontrará a satisfação plena, e isso matará sua vontade de vencer. Isso me leva à outra pergunta: e quando o que eu tenho não é valorizado? Quero tratar desse assunto utilizando uma parte da história de Davi.

Quando ele conversou com o Rei Saul sobre a recompensa da vitória, o rei disse que o vencedor ganharia dinheiro, isenção de impostos e sua filha em casamento. Bom, ele tinha uma promessa vinda diretamente do seu rei, contudo, ao se encontrar com Golias, este o ridicularizou e disse que não era um cão para que Davi viesse com um pedaço de pau para a luta. Davi esteve diante de duas alternativas: ou se apegava às promessas de seu rei, ou dava ouvidos às afrontas de seu inimigo. Nós sempre teremos essas alternativas diante de nós, e sempre teremos de escolher entre ouvir o que Deus tem nos prometido ou dar ouvidos para quem não entende o que Ele está fazendo por intermédio de nossas vidas. Isso me faz entender que, diante de Deus, você e eu somos únicos!

Aqui vale a pena fazer uma ressalva: por mais que sejamos únicos, não podemos ser exclusivos, pois não sabemos fazer tudo — ou seja, os dons que não temos, certamente Deus os dará a alguém próximo a nós, por isso é importante sempre se lembrar do primeiro capítulo deste livro: a visão determina nossas amizades.

Agora, fica uma pergunta: como descobrir esse talento ou esse dom que Deus nos deu? Vamos lá! Quando Deus nos desenhou, ele escolheu uma terra para nós — em outras palavras, ele escolheu uma terra onde daremos frutos, uma terra onde as coisas acontecerão. O que estou querendo dizer é que Deus desenhou um jardim para nós, isto é, um lugar onde o que ele resolveu ungir em nossa vida será plantado e dará frutos a 30, 60 e 100 por um.

Contudo, a terra que Deus havia prometido ao povo tinha de ser conquistada, o que me leva a entender que, mesmo a terra sendo boa, haverá desafios. A pergunta é: Como Deus conduziu o povo de Israel até essa terra? Ele usou uma Nuvem:

> Sempre que a nuvem se levantava de cima da Tenda, os israelitas partiam; no lugar em que a nuvem descia, ali acampavam. Conforme a ordem do Senhor os israelitas partiam, e conforme a ordem do Senhor, acampavam. Enquanto a nuvem estivesse por cima do tabernáculo, eles permaneciam acampados. Quando a nuvem ficava sobre o tabernáculo por muito tempo, os israelitas cumpriam suas responsabilidades para com o Senhor, e não partiam. Às vezes a nuvem ficava sobre o tabernáculo poucos dias; conforme a ordem do Senhor eles acampavam, e também conforme a ordem do Senhor, partiam. Outras vezes a nuvem permanecia somente desde o entardecer até o amanhecer, e quando se levantava pela manhã, eles partiam. De dia ou de noite, sempre que a nuvem se levantava, eles partiam. Quer a nuvem ficasse sobre o tabernáculo dois dias, quer um mês, quer mais tempo, os israelitas permaneciam no acampamento e não partiam; mas, quando ela se levantava, partiam. (Números 9:17-22).

Quando falamos de nuvem, dizemos que é ela é visível.

Então, mesmo que você se sinta perdido, lembre-se de que Deus sempre terá uma nuvem para conduzi-lo à realização de seus propósitos, pois ele zela por você e está constantemente olhando por você, pois "Vejam! O braço do SENHOR não está tão encolhido que não possa salvar, e o seu ouvido tão surdo que não possa ouvir (Isaías 59:1).

Amados, muitas vezes não falta direção de Deus, o que falta é a pessoa ter coragem de colocar sua busca por Deus em primeiro lugar em sua vida; e quando o assunto é intimidade com Deus, não há desculpas, pois ele nunca fará acepção de pessoas, embora faça acepção de atitudes.

Para que você entenda melhor o que estou querendo dizer, pense em um pai que diz aos filhos que nunca deixará de amá-los; independente do que os filhos façam ou do caminho que decidam seguir, o pai continuará amando-os; no entanto, se as atitudes que eles tiverem for contra os princípios do pai, ele certamente reprovará suas ações. Assim é nosso relacionamento com Deus, pois nada do que fizermos poderá alterar o amor que ele sente por nós, contudo, seu prazer em nós dependerá das atitudes que teremos. Deus o ama demais, mas não pense que ele lhe dará direções claras se você continuar fazendo as coisas conforme sua própria vontade, ignorando a dele.

Retomando a ideia, nuvem é algo que traz direção, então, enquanto ela se movia, o povo também se movia; todavia, poderia acontecer de essa nuvem se mexer e alguns não saírem do lugar. Se isso acontecesse, creio que a direção para essa pessoa ficaria afetada — o que estou querendo dizer é que, em diversos momentos, Deus sinaliza qual a direção dele para sua vida, mas nem sempre você tem a disposição de sair da zona de conforto. Pessoas maduras são sensíveis aos pequenos sinais de Deus e sabem para onde estão indo, por isso sempre ficam atentas à menor mudança do vento do Espírito e da nuvem do Senhor.

Nuvem também traz proteção. Mas ela protege do quê? Ela protege do sol e do calor — quando você sente calor e não se protege, acaba sofrendo desidratação, que nada mais é do que falta de água; pense que inúmeras vezes o Espírito Santo é mencionado como água na Palavra de Deus, ou seja, ela não permite que falte em você a presença do Espírito Santo: "Quem crer em mim, como diz a Escritura, do seu interior fluirão rios de água viva". Ele estava se referindo ao Espírito, que mais tarde receberiam os que nele cressem [...]" (João 7:38-39).

Quando você, por infelicidade, decide não ser sensível à direção de Deus na sua vida, é questão de tempo para que comece a achar que não há mais necessidade de oração, de meditação, de confiança e de fé. Qual o resultado? Falta de intimidade com Espírito Santo e, quando falta intimidade com Deus, a consequência é a perda da essência em sua vida.

Falando em essência, no livro *Quem*, escrevo sobre a vida de Moisés, dizendo que ele não permitiu que o **palácio** corrompesse sua essência. Vocês conhecem a história: Faraó mandou as parteiras hebreias não deixarem viver os meninos recém-nascidos, mas a mãe de Moisés o escondeu. Depois, de uma maneira sobrenatural, ela conseguiu cuidar do menino, de modo que, quando ele crescesse, fosse morar no palácio: "Tendo o menino crescido, ela o levou à filha do faraó, que o adotou e lhe deu o nome de Moisés, dizendo: "Porque eu o tirei das águas" (Êxodo 2:10).

Moisés, filho de uma hebreia escrava, agora vai morar no Palácio. Enquanto seus amigos estavam comendo cebolas e alhos, Moisés teve acesso à melhor alimentação da época. Enquanto seus amigos estavam sem estudo nenhum, Moisés teve acesso aos melhores estudos da época; enquanto seus amigos estavam com as roupas de escravos, Moisés teve acesso às melhores grifes da época. Resumindo: Moisés teve todos os motivos do mundo para se corromper, pois teve acesso ao melhor da terra.

Amados, Deus é o dono do ouro e da prata, e ele diz que, se formos fiéis a Ele, comeremos o melhor dessa terra! Acredito que Deus tem o melhor para você, contudo, ele espera que o melhor dele não corrompa sua essência.

Quem não se tem um "Norte" e não se sabe ao certo quem é em Deus, provavelmente será atraído pela beleza do aparente sucesso, mas Moisés, mesmo tendo acesso ao melhor da terra, não se esqueceu da essência que havia dentro dele. Deus está procurando um povo que não se corrompa com o sucesso, com as bênçãos, com os palácios, com os púlpitos, com as revelações e nem com a glória.

Por outro lado, Moisés também não permitiu que a dificuldade matasse sua essência:

> "Moisés pastoreava o rebanho de seu sogro Jetro, que era sacerdote de Midiã. Um dia levou o rebanho para o outro lado do deserto e chegou a Horebe, o monte de Deus. Ali o Anjo do SENHOR lhe apareceu numa chama de fogo que saía do meio de uma sarça. Moisés viu que, embora a sarça estivesse em chamas, não era consumida pelo fogo. "Que impressionante!", pensou. "Por que a sarça não se queima? Vou ver isso de perto." O SENHOR viu que ele se aproximava para observar. E então, do meio da sarça Deus o chamou: "Moisés, Moisés!" "Eis-me aqui", respondeu ele (Êxodo 3:1-4).

Durante sua caminhada, ele perdeu muitas coisas tentando fazer o que era certo na hora errada — por exemplo, matando um egípcio e fugindo de uma hora para outra. Ele foi para uma terra distante e lá constituiu família e trabalhou na fazenda do seu sogro, mas não deixou de buscar a Deus e de acreditar no Deus que o havia protegido na infância. E quando ele ouve a voz do Senhor, não se assusta com isso, não fica procurando de onde vem essa voz; em vez disso, ele respondeu com prontidão.

Isso me mostra uma pessoa que tinha intimidade com Deus e que continuava buscando o Senhor mesmo perdendo todo o seu conforto. Por que Moisés foi o que foi? Porque ele demonstrou fidelidade com sua essência nos dois lados da balança, pois não permitiu que o palácio corrompesse sua essência — ou seja, não se perdeu no muito —, nem que a dificuldade com Jetro, seu sogro, matasse sua essência — ou seja, também não se perdeu no pouco.

Há pessoas que perdem sua essência com Deus em duas situações: quando têm muito, se desvia e pensa só no dinheiro; quando têm pouco, diz que Deus não supre suas necessidades e que as coisas estão difíceis. O que eles não entendem é que todo projeto de Deus nos fará passar por um desses caminhos, senão pelos dois. Quanto a isso, a Bíblia nos diz:

> Alegro-me grandemente no Senhor, porque finalmente vocês renovaram o seu interesse por mim. De fato, vocês já se interessavam, mas não tinham oportunidade para demonstrá-lo. Não estou dizendo isso porque esteja necessitado, pois aprendi a adaptar-me a toda e qualquer circunstância. Sei o que é passar necessidade e sei o que é ter fartura. Aprendi o segredo de viver contente em toda e qualquer situação, seja bem alimentado, seja com fome, tendo muito, ou passando necessidade. Tudo posso naquele que me fortalece (Filipenses 4:10-13).

Pessoas especiais enfrentam dificuldades especiais! Então, quero aproveitar e lhe fazer uma pergunta: você consegue se manter estável em qualquer uma dessas situações? Consegue ser fiel mesmo tendo muito? Muitos amigos, muita saúde, muito dinheiro e muitos sonhos? Você consegue ter tudo isso e ainda ser fiel ao propósito de Deus na sua vida? Você consegue ser fiel mesmo não tendo nada — ou seja, quando os amigos o abandonam, quando a saúde não é a mesma e quando o dinheiro se vai e você não consegue mais sonhar? Moisés conseguiu e, se ele conseguiu, nós também conseguiremos, pois Deus está procurando pessoas que, mesmo que estejam no vale da sombra da morte, saibam que não estão sozinhos.

Uma jovem judia no gueto de Varsóvia conseguiu fugir pulando um muro e foi se esconder numa caverna; desgraçadamente, ela não sobreviveu e seu corpo foi encontrado assim que o exército dos aliados chegou à Polônia. Antes da sua morte, porém, ela rabiscou três frases na parede da caverna:

Eu creio no sol mesmo que ele não esteja brilhando!

Eu creio no amor mesmo quando eu não o sinta!

Eu creio em Deus mesmo que ele fique em silêncio!

Deus está procurando um povo que, mesmo diante de dificuldades, não se afaste dele, um povo que, ao provar dificuldades, enxergue-as como chamas no seu chamado e no seu amor por Deus! Um povo que entenda que sua essência está na **intimidade** com seu criador, pois, quanto mais intimidade, mais "Norte" você terá, mais apaixonado será, mais dons descobrirá e mais eficaz sua vida se tornará.

> Deus procura um povo que entenda que sua essência está em sua intimidade com seu criador.

Vamos fazer uma atividade agora? Escreva em uma folha as respostas às seguintes perguntas.

- **Passo 1:** quais são os seus três maiores talentos? Quando você pensa em si mesmo, quais são as suas principais características?
- **Passo 2:** quais ações ou comportamentos comprovam cada um de seus talentos ou características?
- **Passo 3:** quais são seus principais objetivos pessoais e profissionais dentro de no máximo um ano?
- **Passo 4:** Quais são seus objetivos financeiros dentro de no máximo um ano?
- **Passo 5:** Como você se sentirá alcançando esses objetivos?

Agora, elabore seu "Norte" e escreva o seguinte:

Minha missão é ser (escreva o **Passo 1**), ⎯⎯⎯⎯⎯⎯⎯

sendo referencial no (escreva o **Passo 2**) ⎯⎯⎯⎯⎯⎯⎯ .

Para isso, estou determinado a (escreva o **Passo 3**) ⎯⎯⎯⎯

e também conquistarei o (escreva o **Passo 4**), ⎯⎯⎯⎯⎯

pois isso me fará sentir (escreva o **Passo 5**) ⎯⎯⎯⎯⎯⎯ .

capítulo | 11 |

A VISÃO DETERMINA SUA **Opinião** E SUA **Originalidade**

Neste capítulo, recorrerei ao exemplo da vida de Daniel. Todos sabemos que, como líderes, e principalmente como líderes cristãos, temos um inimigo que deseja ardentemente parar nossas ações, pois ele sabe que um líder que descobre seu propósito de vida e anda buscando habilidade para cumpri-lo torna-se uma ameaça a seus planos. Uma das formas de se paralisar um líder é atacando suas opiniões e sua originalidade; para isso, ele usará algumas armas usadas para tentar parar Daniel e seus amigos:

> No terceiro ano do reinado de Jeoaquim, rei de Judá, Nabucodonosor, rei da Babilônia, veio a Jerusalém e a sitiou. E o Senhor entregou Jeoaquim, rei de Judá, nas suas mãos, e também alguns dos utensílios do templo de Deus. Ele levou os utensílios para o templo do seu deus na terra de Sinear e os colocou na casa do tesouro do seu deus. Depois o rei ordenou a Aspenaz, o chefe dos oficiais da sua corte, que trouxesse alguns dos israelitas da família real e da nobreza: jovens sem defeito físico, de boa aparência, cultos, inteligentes, que dominassem os vários campos

do conhecimento e fossem capacitados para servir no palácio do rei. Ele deveria ensinar-lhes a língua e a literatura dos babilônios. De sua própria mesa, o rei designou-lhes uma porção diária de comida e de vinho. Eles receberiam um treinamento durante três anos, e depois disso passariam a servir o rei. Entre esses estavam alguns que vieram de Judá: Daniel, Hananias, Misael e Azarias. O chefe dos oficiais deu-lhes novos nomes: a Daniel deu o nome de Beltessazar; a Hananias, Sadraque; a Misael, Mesaque; e a Azarias, Abede-Nego.

O que vemos aqui? Primeiro, que eles atacaram seus **frutos**. Já falei inúmeras vezes que Deus nos tira da zona de conforto para que nos mexamos e não nos acomodemos. Contudo, nesse texto, vemos claramente Nabucodonosor, o rei da Babilônia, invadindo Jerusalém. Se formos a fundo, veremos que Daniel tinha uma vida disciplinada e de destaque em sua cidade.

Como posso afirmar isso? Vemos que houve uma seleção de pessoas para que pudessem estar sendo treinadas na cultura e na língua dos caldeus. Daniel e seus amigos foram selecionados e isso mostra que ele não era alguém acomodado, muito menos alguém que não estava nem aí para o futuro.

Essa passagem nos ensina que uma das formas de ação do inimigo é atacar sua originalidade e seus frutos — ou seja, quem você é e o que você está realizando; a ideia do inimigo é lhe dizer: "Não importa o que você faça e o quanto você se ache importante para esse lugar, nós o tiraremos de seu ambiente e o colocaremos em outro, e então veremos se você não se moldará aos meus costumes".

Infelizmente, essa tática tem dado certo quando vemos pessoas que dão frutos em Deus, mas que, quando mudam de ambiente, perdem a capacidade de continuar frutificando. Por exemplo, homens que começam a viajar sozinhos e acabam tendo atitudes incoerentes com suas crenças e jovens que, ao entrarem na universidade, começam a ter atitudes que um dia disseram que nunca teriam; ou, ainda, pessoas que, dependendo de quem estão ao seu lado, mudam sua personalidade, suas palavras e suas atitudes.

Essa é a ideia do inimigo: remover você de um lugar seguro para atacar sua essência. Sendo assim, nunca permita que as circunstâncias externas mudem quem você é por dentro — lembre-se de que Daniel foi arrancado de sua cidade, mas manteve sua originalidade, sua integridade e sua personalidade.

O segundo ponto é que atacaram sua disciplina alimentar. Logo que tiraram Daniel de sua cidade, ofereceram um tipo de comida que não era o que ele estava acostumado a comer. Estou querendo chamar sua atenção para o fato de que, muitas vezes, tentarão colocar "goela abaixo" ideias que não são as suas, ou seja, muitas vezes, sofremos ataques em nossos ideais e em nossas crenças.

Lembro-me de uma vez quando estava em São Paulo e um professor teve a infelicidade de dizer que Jesus Cristo havia introduzido o canibalismo no mundo por meio da frase: "Comei do meu corpo e bebei do meu sangue". Arrumei uma confusão enorme na sala de aula até que, na outra semana, o professor veio dizendo que havia pesquisado e viu que estava errado.

É claro que nem sempre os ataques serão tão grotescos assim; na realidade, na maioria das vezes serão sutis e bem articulados, empurrando doutrinas que nem de perto são o que temos aprendido pela Palavra de Deus. E qual a roupagem? Algo como: você precisa se atualizar, pois agora o mundo é assim; todavia, o padrão de crenças de um cristão tem de permanecer inalterável, e digo isso porque Jesus Cristo é imutável: "Jesus Cristo é o mesmo, ontem, hoje e para sempre" (Hebreus 13:8).

Bem, se Deus não muda, por que minhas crenças nele teriam que mudar? Certamente seremos atacados diariamente nesse sentido, mas devemos nos lembrar de que não somos qualquer um, e sim pessoas com visão, e essa visão protege nossa originalidade e nossas crenças.

Quando olhamos para Daniel, vemos que ele tinha coragem para defender suas ideias e suas crenças: "Daniel, contudo, decidiu não se tornar impuro com a comida e com o vinho do rei, e pediu ao chefe dos oficiais permissão para se abster deles" (Daniel 1:8) E coragem está intimamente relacionada às **convicções** e ao **caráter** de uma pessoa! Como Daniel demonstra seu caráter? Recusando-se a agir de forma incorreta diante de reis estrangeiros. O que podemos entender é que, quando você tem convicção, ela faz com que você tenha compromisso de defendê-la, por isso, não podemos nos esquecer do básico, que é nos aprofundar no conhecimento de Deus.

> A coragem está intimamente relacionada às convicções e ao caráter de uma pessoa.

Agora, vamos pensar no seguinte: por que muitos se perdem pelo caminho? Como sempre, a Bíblia nos dá essa resposta: "Meu povo foi destruído por falta de conhecimento" (Oseias 4:6). Essa passagem nos ensina que a ideia do inimigo é que você seja um ignorante com relação ao seu propósito, e, para isso, ele tenta impedir seu crescimento colocando distrações em sua vida — aliás, você já percebeu quantas distrações temos por dia? Tudo isso é feito para tentar roubar nosso tempo e para que não descubramos quem somos nem o que estamos fazendo nesse mundo. Sendo assim, podemos dizer que o senso de propósito é algo que muda destinos, e, se puder ser combatido, será com certeza uma das áreas mais atacadas em sua vida. Nesse sentido, a Palavra nos ensina que:

> Portanto, amados, sabendo disso, guardem-se para que não sejam levados pelo erro dos que não têm princípios morais, nem percam a sua firmeza e caiam. Cresçam, porém, na graça e no conhecimento de nosso Senhor e Salvador Jesus Cristo. A ele seja a glória, agora e para sempre! (2Pedro 3:17-18).

E também:

Conheçamos o SENHOR [...] (Oseias 6:3).

Em outras palavras, para nos protegermos desses ataques, precisamos conhecer o Senhor, e a melhor maneira de fazer isso é por meio de sua Palavra, lembrando que, quanto mais você conhecer a verdade sobre Deus e sobre seu chamado, mais terá capacidade de discernir as mentiras que vierem sobre sua vida. Não faça como muitos, que dizem querer conhecer a mentira para ter base para a luta; pelo contrário, pense que o conhecimento da verdade é o suficiente para você resistir a todos esses ataques.

Para ilustrar essa questão, vejamos a seguinte história: certa vez, alguns peritos americanos estavam examinando notas falsas de dólar quando foram questionados sobre como conheciam tão bem notas falsas. A resposta deles foi surpreendente: "nós não conhecemos as notas falsas; pelo contrário, somos especialistas em notas verdadeiras, portanto, sabemos quando uma não é!" E a Bíblia reforça essa ideia, dizendo: "E conhecerão a verdade, e a verdade os libertará" (João 8:32). Resumindo, a Palavra o libertará dos falsos ensinamentos, das mentiras, e não permitirá que você seja enganado em momento nenhum. Vemos que Daniel tinha essa convicção, e tal convicção gerou um compromisso com seu caráter (isto é, seus traços morais de personalidade), e ele, com isso, nos ensina que um bom líder sabe que seu caráter é mais importante que qualquer outra coisa. E isso se torna mais importante quando pensamos que a maneira como um líder administra as circunstâncias da vida fala muito sobre seu caráter, principalmente em momentos de crise. Aqui, vale uma ressalva: a crise não forma um caráter, ela apenas o revela e, com isso, entendemos que o caráter tem de ser o fundamento sobre o qual construímos nossa vida.

Tudo começa com o caráter, pois este transmite credibilidade; quando a credibilidade se perde, certamente acabará a liderança — aliás, as pessoas só seguirão um líder enquanto confiarem nele. Mas vale lembrar que caráter é mais do que falar, pois qualquer pessoa pode dizer que tem caráter; na verdade, ele é revelado por meio das ações do indivíduo em meio à crise, pois ditará o que você fará ou deixará de fazer; e quando pensamos nesses critérios aplicados ao líder, fica ainda mais difícil dissociar suas ações de seu caráter.

Outra questão a ser levantada é que caráter não pode ser confundido com talento, pois talento é um dom, ao passo que caráter é uma escolha. Para que fique mais clara essa questão, pense no seguinte: não temos controle nenhum sobre várias coisas da vida; por exemplo, não podemos escolher os pais que nos geraram, a família em que nascemos nem a casa em que crescemos. Entretanto, podemos escolher nosso caráter a cada escolha que fazemos.

Quando estudamos a história de Daniel, vemos que ele demonstrou caráter em várias áreas de sua vida: com relação à sua alimentação, ele não se comprometeu com alimentos ritualmente impuros, mas se alimentou com vegetais; no tocante à sua motivação, não levou os créditos por interpretar sonhos, em vez disso, sempre glorificou a Deus; no que diz respeito à sua honestidade, sempre falou a verdade às autoridades mesmo correndo o risco de não ser bem aceito em seu novo meio social.; com relação à sua disciplina, continuou orando diariamente mesmo sabendo que isso poderia custar-lhe a vida; quanto á sua integridade, não teve nenhum interesse em subornos ou compensações; por fim, quanto às suas convicções, permaneceu comprometido com seus amigos e com suas crenças mesmo tendo alcançado altos cargos na Babilônia.

Lembre-se de algo muito importante: **caráter** sem **carisma** é suportável, mas carisma sem caráter é inadmissível. Quer fazer a diferença em sua vida? Continue cuidando e desenvolvendo seu caráter!

> **Caráter** sem **carisma** é suportável, mas **carisma** sem **caráter** é inadmissível.

O terceiro ponto é que atacaram a identidade de Daniel: "O chefe dos oficiais deu-lhes novos nomes: a Daniel deu o nome de Beltessazar [...]" (Daniel 1:7). A mudança do nome de Daniel não foi sem propósito, pois os nomes tinham um significado muito forte. Daniel significava literalmente "o senhor é meu juiz"; a mudança de nome demonstra a motivação do rei quanto a isso: "Por fim veio Daniel à minha presença e eu lhe contei o sonho. Ele é chamado Beltessazar, em homenagem ao nome do meu deus [...]" (Daniel 4:8). Para ficar mais claro, o nome é uma forma abreviada de uma invocação a Bel e foi escolhido para naturalizar Daniel e afastá-lo da adoração de Jeová. O que vemos aqui é que atacaram firmemente a identidade de Daniel, mas o que eles não entendiam era que identidade é interna, nunca externa, portanto, quando uma pessoa tem sua identidade firmada em Deus, podem agregar o nome que quiserem a ele, porque isso nunca o influenciará em seus valores, nem em quem ele realmente é.

Não sei quantas vezes tentaram atacar sua identidade ou fazer com que você pensasse que não é o que Deus realmente o fez ser; assim como não sei quantas vezes más palavras foram ditas a você. Mas de uma coisa eu tenho certeza: você nunca será o que dizem, e sim o que Deus diz, e quando Ele fala sobre sua originalidade, na ideia de Deus está o seguinte: **não há competição para quem é original**.

Você pode procurar, mas nunca encontrará uma digital igual à sua, pois você é único e possui talentos únicos para um lugar único. A tragédia acontece quando você acredita que não é valioso diante de Deus e começa a se comparar com outras pessoas.

Quando você começa a reclamar de quem é e do que vive, precisa entender sua importância dentro desse quadro, pois nossa unidade está na nossa diversidade e, como já mencionado neste livro, todo talento que uma pessoa não recebeu está na vida das pessoas que o rodeiam. Deus nunca dará tudo a uma pessoa, pois o desejo dele é que sejamos dependentes dos talentos um dos outros e que, juntos, formemos ótimas equipes.

Por isso, digo que a visão determina nossas amizades; ou seja, você sempre atrairá pessoas iguais a você, o que significa que, quando você é original, pessoas originais se aproximam; por outro lado, se você for uma imitação barata, pessoas "sem noção" estarão ao seu lado.

Para finalizarmos, responda à seguinte pergunta: Quem você é? Para ajudá-lo a responder a esse grande questionamento, tente responder o seguinte: você está lendo algum livro? Se sim, o que você está aprendendo com ele? Quais outros livros quer ler? Em qual área? Até que dia? Você precisa entender que, para ser uma pessoa diferenciada, deve desenvolver habilidades de liderança e, para isso, é importante ler bons livros, lembrando que a Palavra de Deus deve ser seu livro mais íntimo.

Outros questionamentos que o ajudarão são: qual o seu grande diferencial hoje? O que você faz tão bem que as pessoas elogiam? Pelo que você trabalharia até de graça? Qual comportamento você acredita que precisa melhorar hoje para desenvolver sua vida e caráter? Esses questionamentos são de suma importância para um líder que deseja crescer, pois deixarão claro para quais são suas paixões, em que você é bom e o que precisa desenvolver, pois os líderes não nascem prontos; pelo contrário, são pessoas em constante desenvolvimento e aperfeiçoamento pessoal.

capítulo | **12** |

Toda visão vem de um **Propósito** que tem um **Processo** e exige nossa **Participação**

Neste capítulo, quero começar falando sobre o propósito de Deus, que é a chave para nossa realização — creio que é o desejo de Deus que todo homem encontre seu propósito e consiga realizá-lo. Todo ser humano busca realização e todos têm expectativa de dias melhores, contudo, se uma pessoa quiser saber realmente quem ela nasceu para ser, deve, primeiramente, entender os princípios do propósito de Deus para sua vida. Sobre isso, a Bíblia diz o seguinte: "Muitos são os planos no coração do homem, mas o que prevalece é o propósito do Senhor".

Amados, temos apenas uma vida, e creio que devemos fazer com que ela valha a pena; nesse sentido, um dos maiores perigos da vida é a perda de tempo que, convenhamos, não passa, voa. Entendendo isso, o melhor que se tem a fazer é usar esse tempo de forma inteligente e eficaz. Neste momento, você deve estar se perguntando: como uso inteligentemente meu tempo? A resposta é simples: fazendo o que deve fazer, quando se deve fazer.

O que mais me amedronta é gastar meu tempo nas coisas erradas, e isso me leva a uma pergunta: é possível fazer o que é bom, mas não o que é certo? Claro que sim! Pois é possível fazer coisas boas, com as melhores intenções, sem que essas coisas façam parte do propósito de Deus para sua vida.

Deus nos criou individualmente com um propósito que é o correto para nós! Agora, como temos ideia do propósito de Deus para nós? Novamente, olhando para nossa grande referência, a Bíblia Sagrada. A Bíblia conta a história de como Neemias cumpriu um importante propósito na vida: ele estava no exílio, servindo como copeiro do rei da Pérsia, quando ouviu que a cidade de Jerusalém ainda estava em ruínas.

> E eles me responderam: "Aqueles que sobreviveram ao cativeiro e estão lá na província passam por grande sofrimento e humilhação. O muro de Jerusalém foi derrubado, e suas portas foram destruídas pelo fogo". Quando ouvi essas coisas, sentei-me e chorei. Passei dias lamentando-me, jejuando e orando ao Deus dos céus (Neemias 1:3-4).

Na busca de seu **propósito**, você precisa se perguntar: O que me irrita? Pois uma pista do seu propósito está atrás da sua irritação. Por exemplo: eu me irrito com pessoas que continuam com as mesmas posturas no decorrer dos anos. Por quê? Porque temos a capacidade de desenvolver, amadurecer e crescer, ou seja, podemos nos tornar pessoas totalmente diferentes; além do mais, Deus espera que não nos acomodemos:

> Portanto, irmãos, rogo-lhes pelas misericórdias de Deus que se ofereçam em sacrifício vivo, santo e agradável a Deus; este é o culto racional de vocês. Não se amoldem ao padrão deste mundo, mas transformem-se pela renovação da sua mente, para que sejam capazes de experimentar e comprovar a boa, agradável e perfeita vontade de Deus (Romanos 12:1-2).

Em outras palavras, Paulo estava dizendo: "Pelo amor de Deus, gente! Se vocês querem experimentar o melhor que Deus tem para sua vida, não continuem da mesma maneira, mas amadureçam primeiramente em sua mente!".

Quando você descobre alguma coisa que o irrita, pode partir em busca de seu verdadeiro propósito ao compreender os **princípios**. Myles Munroe escreveu muito sobre propósito; em um de seus livros, ele comentou sobre alguns princípios.

> Quando você descobre alguma coisa que o irrita, pode partir em busca de seus propósitos, quando compreende os princípios.

O primeiro princípio é que Deus é um Deus de propósito; em suma, ele tem um propósito para tudo que criou. Como a Bíblia diz: "Mas os planos do SENHOR permanecem para sempre, os propósitos do seu coração, por todas as gerações (Salmo 33:11). E mais:

> Assim como a chuva e a neve descem dos céus e não voltam para eles sem regarem a terra e fazerem-na brotar e florescer, para ela produzir semente para o semeador e pão para o que come, assim também ocorre com a palavra que sai da minha boca: ela não voltará para mim vazia, mas fará o que desejo e atingirá o propósito para o qual a enviei (Isaías 55:10-11).

Deus tem um propósito e, então, o coloca em prática — ou seja, ele nunca fez nada por capricho ou sem saber o resultado. Quando você passa por uma construção, por exemplo, geralmente se vê uma placa mostrando o que está sendo construído. Se você passar e perguntar para alguém que está cavando um buraco o que ele está fazendo, ele apontará para a placa ele dirá: "Estou ajudando a fazer aquilo ali!". É preciso entender que o propósito já existe, apenas não está visível.

Assim como na construção, mesmo que o profissional ainda esteja trabalhando no alicerce, ele sabe que não está apenas cavando um buraco, mas sim dando início a um propósito maior. Em outras palavras, cavar os alicerces é o princípio da implementação do propósito e, por esse motivo, quando as pessoas perguntavam para mim, no início da igreja em Curitiba, o que eu estava fazendo, geralmente respondia: "Querido, não me olhe hoje, mas daqui a 10 anos, pois estou apenas cavando os alicerces". Isso significa ter visão, pois ela o levará a ver alguma coisa antes da sua existência de fato, como se já estivesse ali.

O segundo princípio é que Deus sempre teve um Propósito em mente e criou você com a habilidade para cumprir esse propósito. Nesse sentido, o porquê determina a razão da criação e o propósito determina sua natureza, seu desenho e suas feições; isso mostra que você não cria nada a não ser que saiba o que quer e por que quer determinada coisa.

Uma vez que Deus criou tudo com um propósito, se quisermos conhecer a verdadeira razão de nossa existência, precisamos ir até ele. A intimidade com Deus faz a diferença quando se trata de propósito, pois ele não permitirá que alguém que se aproxima dele se frustre por viver longe do seu propósito.

O terceiro princípio é o seguinte: nem todo propósito é conhecido por nós. Embora tudo e todos tenham um propósito na terra, isso não quer dizer que estejamos conscientes desse propósito. Quando o ser humano resolveu virar as costas para Deus e seus caminhos, como vimos em Gênesis 3, o homem acabou perdendo seu conhecimento da intenção de Deus para ele e para o mundo.

Rejeitar Deus é como comprar um sofisticado e complexo equipamento e depois jogar o manual de instruções fora, ou seja, se você conseguir que funcione, será sorte; ou, então, pode ser que funcione apenas parcialmente; mas a verdade que ele nunca desempenhará completamente sua finalidade.

Muitos estão vivendo sem respeitar o manual de instruções, isto é, estão rejeitando a vida com Deus e seus propósitos para a caminhada, o que é uma situação muito perigosa, porque ela leva direto ao próximo princípio.

O quarto princípio é o seguinte: onde o propósito não é conhecido, o abuso é inevitável. Quando criaram o carro, a ideia é que ele andasse apenas em um plano sólido; mas suponhamos que uma pessoa desconhecesse o propósito do carro e quisesse usá-lo como um barco e jogá-lo no mar, o que aconteceria? Ele afundaria, porque um princípio foi violado. É claro que essa é uma situação bastante hipotética, mas ilustra o fato de que as pessoas abusam das coisas apenas porque não conhecem seus propósitos ou não os levam em consideração.

O princípio é o seguinte: para descobrir o propósito, nunca pergunte à criação, e sim ao Criador; em outras palavras, se você e eu quisermos saber o propósito de alguma coisa, não devemos perguntar à própria criação, porque ela não se construiu nem se projetou, muito menos se planejou. Somente o construtor sabe como e por que funciona seu produto, ninguém mais. A questão aqui então é: quando você for usar algo, a primeira pergunta a ser feita é: quem fez isso?

É por isso que a empresa geralmente envia um manual criado pelo fabricante para proteger o cliente de fazer mau uso do produto, mas para aproveitar o máximo dele; quando aplicado à nossa vida, entendemos que somos criados por Deus, e Ele é o único que sabe como a humanidade deve funcionar.

Sendo assim, se você tem dúvidas sobre sua razão de estar aqui, deve então consultar o manual, porque, quando você não conhece seu propósito, está meramente fazendo experiências na vida. O problema é que a vida é preciosa demais para ser tratada como uma experiência.

Querem um exemplo dessa tragédia? Os casamentos, que têm sido uma série de grandes tentativas. Muitos dizem que estão na idade de casar e casam sem entender o propósito pelo qual estão se casando. Amados, casamento não é um lugar de tentativas, e a única maneira de evitar o custo da tentativa e erro é aprender o propósito da sua vida; portanto, se você quiser conhecer a razão de viver, deve procurar em Deus e no manual dele, não em outra pessoa.

> **O problema é que a vida é preciosa demais para ser tratada como uma experiência.**

O sexto princípio é: somente encontraremos propósito na mente do nosso Criador. Se você se lembrar desse princípio durante toda a vida, estará seguro. Vamos a um exemplo bem simples: antes de comprar qualquer coisa, procure saber quem é o fabricante e imediatamente você saberá o que estava na mente dele — por exemplo, se você comparar duas empresas, uma com rígidos padrões de qualidade, extremo controle de produção e profissionais capacitados e outra que não se preocupa muito em seguir as regras, quem você acha que lhe oferecerá o melhor produto? Se fosse uma indústria alimentícia, de quem você preferiria comprar? daquela que você sabe que segue padrões de higiene ou de uma com produção duvidosa? É basicamente essa escolha que precisamos fazer em nossa vida, por isso é importante entender a mente do nosso Criador, e podemos fazer isso aprendendo como ele pensa.

E como eu vou saber como Deus pensa? Bem, um fato importante a considerar, é que Deus sente prazer em se comunicar com seu povo. Portanto, se você o buscar, ele certamente lhe revelará os desígnios dele. Além disso, quando falamos de Deus, temos de entender que "A lei do Senhor é perfeita, e revigora a alma. Os testemunhos do Senhor são dignos de confiança, e tornam sábios os inexperientes" (Salmo 19:7).

Precisamos levar a sério uma vida íntima com Deus, pois ela revelará o que havia em sua mente quando nos criou, e isso evitará frustrações.

Durante a torre de oração que temos na Bola de Neve Curitiba, estava colocando alguns questionamentos diante de Deus quando, de repente, Ele me disse: "Filho, anos atrás, você se mudou para Curitiba acreditando em um propósito. Ninguém acreditou, mas você continuou porque sabia o quadro que eu havia pintado para você. Hoje não é diferente. O que mudou é que hoje você vive uma realidade que no início era apenas um sonho; e os sonhos hoje são maiores. Revelei a você um pouco mais do meu propósito para sua vida, então, apenas continue acreditando e obedecendo a mim, assim como foi no início". Não posso descrever como isso fez bem para mim, pois essa resposta pôs fim aos meus questionamentos.

Você não pode querer viver o que outra pessoa está vivendo; talvez Deus tenha dado algumas fórmulas e visões para alguns líderes aplicarem, e pode ser que você até admire tais líderes, o que não é nenhum problema; entenda que fórmulas mudam, mas os princípios são imutáveis. Então, em vez de copiar as fórmulas, aprenda o princípio, pois ele o levará a seu propósito que, por sua vez, terá suas próprias fórmulas. O que eu faço em Curitiba talvez não dê certo em outra cidade, portanto, um pastor ou um líder não pode querer me imitar; o que ele precisa é aprender o princípio que está por trás de minhas atitudes. E quando um pastor/líder entende o princípio da torre de oração e se dedica a buscar ao Senhor, Deus dará a esse pastor as estratégias para alcançar o lugar onde ele foi inserido.

O sétimo princípio é o seguinte: o propósito de Deus é a chave para nossa realização. Você e eu jamais estaremos plenamente satisfeitos até que encontremos nosso propósito e vivamos nele. Sendo assim, se você estiver desperdiçando sua vida fazendo o que não deve, estará apenas perdendo tempo, e você tem o privilégio de ouvir isso agora.

Um dia, o Dr. Myles Munroe estava ministrando sobre esse assunto quando uma senhora o procurou e disse: "Irmão, onde você estava há cinquenta e seis anos?". Ele então perguntou a ela: "O que a senhora está querendo dizer?". Ela respondeu: "Você foi a primeira pessoa que veio até minha vida e me disse que há uma razão para viver e agora não consigo me dar conta do que foram esses 56 anos! Onde você estava há 56 anos?". Talvez você esteja feliz por estar lendo isso agora, mas pode ser que você esteja se sentindo como essa mulher. Todavia, tenho uma boa notícia para você: Deus sabe como restaurar os anos que foram consumidos pelos gafanhotos.

> Ó povo de Sião, alegre-se e regozije-se no Senhor, o seu Deus, pois ele lhe dá as chuvas de outono, conforme a sua justiça. Ele lhe envia muitas chuvas, as de outono e as de primavera, como antes fazia. As eiras ficarão cheias de trigo; os tonéis transbordarão de vinho novo e de azeite. "Vou compensá-los pelos anos de colheitas que os gafanhotos destruíram: o gafanhoto peregrino, o gafanhoto devastador, o gafanhoto devorador e o gafanhoto cortador, o meu grande exército que enviei contra vocês. Vocês comerão até ficarem satisfeitos, e louvarão o nome do Senhor, o seu Deus, que fez maravilhas em favor de vocês; nunca mais o meu povo será humilhado (Joel 2:23-27).

Por que o **propósito** é tão importante? Porque um propósito vai mantê-lo motivado, sustentará suas prioridades no caminho, desenvolverá seu potencial, dará poder para você viver o presente e o ajudará a avaliar seu progresso. Como disse anteriormente, toda visão vem de um propósito que tem um **processo** e exige nossa **participação nele**.

> Toda visão vem de um propósito que tem um processo e exige nossa participação nele.

Muito se perdem porque fazem o que querem e não se preocupam com o propósito; outros até correm atrás do propósito, mas se perdem durante o processo, esquecendo-se de que o processo é importantíssimo para a realização do propósito. A questão é que o processo exige **perseverança**, pois ele não é revelado de uma só vez; em outras palavras, Deus nunca revelará todo o mapa, pois seu modo de trabalhar é diferente, ou seja, ele nos mostra um pedaço do mapa e, conforme vamos dando passos de fé e de obediência nessa trajetória, ele vai revelando as outras partes.

> O processo exige perseverança, pois ele não é revelado de uma só vez.

Diante do que foi exposto, não acredito que Deus revele todo o mapa para quem não está disposto a obedecer nas pequenas coisas, até porque geralmente as grandes missões nascem de pessoas que foram fiéis às pequenas direções de Deus. Quando me mudei para Curitiba, ouvia sobre um tempo em que Deus estaria me usando, fazendo-me prosperar e viajar bastante. Certa vez, uma profetisa disse que me via morando em aviões, e hoje, só quem está próximo a mim sabe como é minha vida: vivo o que Deus mostrava para os profetas lá por volta de 1994-1995, mas hoje os sonhos aumentaram, e Deus me mostra um pouco mais à frente.

Em 1994, eu nem sabia que me tornaria pastor, muito menos escritor, e isso é muito interessante, pois, além dessas atividades, Deus tem me dado músicas e um ministério de louvor chamado h27. Por causa disso, tenho vivido experiências extremamente novas, como passar madrugadas em um estúdio para gravar o CD do ministério. Você deve entender que tudo isso já fazia parte do propósito que Deus havia escrito para mim, porém, não sabia dessa dimensão quando comecei a obedecer às direções dele. Aqui, posso fazer do salmista as minhas palavras, quando diz: "Os teus olhos viram o meu embrião; todos os dias determinados para mim foram escritos no teu livro antes de qualquer deles existir" (Salmo 139:16).

Para tudo na vida há um processo, o problema é que muitos se perdem durante o caminho por falta de perseverança. O que leva à falta de perseverança? Falta de paixão. E como descobrir qual é a sua paixão? Simples: responda-me algo: o que você faria até de graça? A resposta a essa pergunta é o motivo da sua paixão, que é importantíssima para que realizemos o propósito que Deus tem escrito para nossa vida. Mas talvez você deva estar se perguntando: por que a paixão é tão importante? Vamos às respostas:

- **A paixão é o primeiro passo para a realização:** seu desejo sempre irá determinar seu destino, portanto, quanto maior for o fogo, maiores serão o desejo e o potencial.
- **A paixão aumenta a força de vontade:** a paixão é insubstituível, ela é o combustível da vontade. Se você deseja muito alguma coisa, certamente encontrará a força de vontade para alcançá-la.
- **A paixão tem o poder de transformá-lo:** se você seguir sua paixão, sem dúvida se tornará uma pessoa mais dedicada e produtiva e, no final, sua paixão terá mais influência do que tudo.
- **A paixão torna possível o impossível:** para os seres humanos, sempre que algo incendeia a alma, as impossibilidades se desvanecem, isto é, um fogo no coração eleva tudo na vida. Um líder com grande paixão e poucas habilidades sempre supera um líder com grandes habilidades, mas desapaixonado; o problema é que muitas pessoas estão perdendo essa paixão.

Neste momento, cabe então fazer outra pergunta: o que tem o poder de matar a paixão? Os motivos são diversos, mas listarei alguns:

- **Falta de vigilância nos pensamentos:** precisamos entender que a primeira pessoa que lideramos somos nós mesmos, e o primeiro órgão que dominamos é nosso cérebro — ou, melhor, nossa mente —, e muitas vezes a falta de vigilância nos pensamentos leva a falta de domínio próprio. A Bíblia nos adverte sobre isso, dizendo: "Melhor é o homem paciente do que o guerreiro, mais vale controlar o seu espírito do que conquistar uma cidade" (Provérbios 16:32).

- **Desperdiçar seus pensamentos com aqueles que não têm sede de conhecê-los:** já fiquei muito triste por tentar ajudar pessoas que não queriam ser ajudadas. Infelizmente, nem todos querem sair da zona de conforto e, nesse sentido, um dos cuidados que um líder precisa ter é não se frustrar quando encontrar pessoas que precisam crescer, mas não querem.

- **Falta de disciplina e foco nas direções que Deus tem dado:** todo líder que não quer perder a paixão precisa ter cuidado para não se isolar; isso é tão importante que a Bíblia diz que a sabedoria está na multidão dos conselhos. O problema só acontece quando você tem uma direção clara de Deus, mas prefere desobedecer-lhe porque ninguém está conseguindo enxergar o que você já viu. O ideal é ter equilíbrio com relação a isso, porque Deus usará outras pessoas para ajudá-lo; todavia, haverá momentos em que ele lhe dará uma visão e você terá de protegê-la em seu coração, pois ela será atacada de todo lado; assim, a paixão fará com que você continue perseverando.

- **Perseverança na coisa errada:** tenho uma notícia para lhe dar: você não pode fazer tudo, isto é, você e eu só poderemos fazer o que Deus planejou que fizéssemos. Nossa inteligência e nossos dons servem a uma visão — ou seja, o planejamento determina nossa capacidade. Vou explicar melhor o que quero dizer com isso. Entre as pessoas que Deus tem usado para me orientar está o Profeta Kevin, do Estados Unidos. Certo dia, ele me disse algo muito profundo: "quando uma palavra profética é entregue a uma pessoa, essa pessoa precisa conhecer a visão que Deus deu a ela, pois a profecia se encaixará nessa visão que ela já possui. E quando alguém não conhece o todo e vive só pela palavra profética, a profecia acaba se tornando algo ruim". Isso é um fato, pois há muitas pessoas que interpretam mal o que Deus mostra a elas e tentam realizar um sonho que não foi gerado por Deus.

Elas tentam, tentam, e nada acontece; nadam, nadam, e morrem afogados na praia, certamente muito frustradas com a situação.

Durante a caminhada, precisamos perseverar, pois é o processo que desenvolve nosso potencial: isso significa que, durante nossa jornada, vamos recebendo novos dons; além disso, nos deparamos com situações que não previmos, e tais situações nos levam a ter atitudes que jamais pensamos; quando nos damos conta, estamos fazendo coisas que jamais imaginamos. Pense em quantas pessoas foram bem-sucedidas na vida porque descobriram um talento ou um dom que não sabiam que tinha; no entanto, é importante ressaltar que elas só vivenciaram isso porque permaneceram firme no processo.

Outro detalhe importante é que, durante o **processo**, precisamos aprender sobre **prioridades**: você só poderá contar com as mesmas 24 horas com que todos também podem contar, mas a diferença entre o medíocre (quem vive na média) e o extraordinário é a maneira como eles administram suas horas do dia.

Uma vez me perguntaram: "Biga, como você consegue fazer tudo o que faz?". A resposta foi simples: simplesmente deixei de fazer o que Deus não havia me pedido.

Precisamos ter sensibilidade para priorizar o que é o certo e saber qual a hora certa de se fazer o que é o certo, entende? O maior erro na hora de priorizar as coisas é deixar as coisas mais importantes por último.

Algumas pessoas escolhem primeiro as coisas mais fáceis, outras as coisas mais divertidas, e outras, ainda, as coisas urgentes e difíceis, mas o certo é escolher primeiramente as coisas mais importantes, e, que para que haja prioridades é necessário haver **procedimento**, pois não adianta ser alguém com infinitas informações, mas que não as coloca em prática. A pergunta é: quando você começará a fazer o que disse que faria? Como você vai agir a partir de agora? É necessário ter um plano e, para isso, é preciso fazer um planejamento, pois somos pessoas de realização e, para que sustentemos isso em nossas vidas, precisamos ter 4 "Ps":

> Para que haja prioridade, é preciso primeiramente haver planejamento.

- **Propósito irresistível:** líderes que realizam possuem um grande compromisso para uma grande causa.
- **Perspectiva clara:** líderes que realizam não deixam o medo nublar sua visão do futuro.
- **Prece constante:** líderes que realizam oram sobre tudo e ganham a preferência de Deus.
- **Persistência corajosa:** eles se movem à frente apesar dos percalços.

Se você está enfrentando um desafio em Deus, cultive essas características para ter a melhor oportunidade de sucesso. Bom, qual a questão? Como escrevi no início, toda visão vem de um propósito que tem um processo e exige nossa **participação** nele — o que estou dizendo é que Deus tem um propósito, que passará por um processo, o qual precisa ser vivido intensamente por você.

Queridos, a prática do que aprendemos é extremamente necessária, pois até hoje não conheço alguém que toque bem um instrumento apenas lendo uma apostila ou um livro, assim como nenhum atleta chegou a um alto nível apenas assistindo a um DVD. Entenda que conhecimento tem de ser aplicado e praticado e, nesse sentido, tenho duas notícias para você: a primeira é que liderança é uma habilidade e uma capacidade adquirida; já a segunda, que é, de certa maneira, uma má notícia, é: ninguém se torna um bom líder apenas frequentando seminários e lendo livros. Com conhecimento, prática e persistência podemos aumentar nossa eficiência como líderes e fortalecer o impacto e a influência que deixamos na vida dos outros.

Vamos à atividade prática: quando paramos para avaliar e reorganizar nosso tempo, precisamos identificar as ações necessárias para a realização dos nossos objetivos. Para isso, vamos seguir 3 passos:

- **Passo 1:** Avalie as atividades diárias: como você descreveria sua agenda diária? Descreva sua rotina.
- **Passo 2:** Analise as consequências de cada ação: *A: Alto impacto* (quais atividades diárias que lhe trazem grandes resultados para sua vida como um todo?); *B: M*édio impacto (quais tarefas são urgentes, mas possuem pouca influência para realização de seus objetivos?); *C: Baixo impacto* (quais tarefas não possuem importância, não são urgentes e trazem poucas consequências imediatas para realização de seu sonho?); *D: Delegáveis* (quais tarefas você poderia delegar para outra pessoa?); *E: Elimináveis* (onde você acha que desperdiça seu tempo? O que você faz que lhe traz conforto, mas que não tem impacto em sua vida?).
- **Passo 3:** Reorganize sua agenda: como você pode se reorganizar para utilizar melhor seu tempo e mover-se em direção ao seu objetivo?

Seguir esses passos o ajudará a organizar sua vida, sua agenda, seu tempo e lhe dará uma visão maior do que é prioridade e tem mais urgência de ser realizado e o que pode ser feito posteriormente. Com isso, você fará uma gestão melhor do seu tempo e executará as tarefas com mais qualidade, pois saberá exatamente quais são as suas prioridades.

capítulo | **13** |

A VISÃO DETERMINA SUA **Qualidade** DE VIDA

Neste capítulo, quero contar a história de um homem que conheci — na realidade, esse homem era um grande profeta de Deus (sim, ele era, pois acabou falecendo). O problema é que ele acabou com sua vida por falta de cuidado com sua saúde.

Eu morava próximo a esse pastor e sabia das restrições que o médico havia feito a ele. Ele não podia comer gordura, porém eu o via comendo a banha da picanha; ele não podia comer doce, mas eu o via comendo pedaços enormes de bolo; ele também não podia tomar refrigerante, mas geralmente tomava "no bico" 2 litros de Coca-Cola. Um dia, recebi a notícia de que ele havia morrido, o que foi uma pena e uma perda para o Reino de Deus na terra, pois esse homem ainda tinha muito a oferecer.

Acredito realmente que não estamos brincando aqui na terra e, se você chegou até este capítulo, é porque acredita que Deus vai usá-lo para causar influência no lugar onde você vive, trabalha e estuda.

Se temos uma visão, precisamos entender que ela começa a partir do "Ponto A" e vai até o "Ponto B". Entre um e outro, existe algo chamado processo, que é exatamente onde as pessoas se perdem, pois, quando você não tem ideia aonde quer chegar, não se prepara

para esse objetivo. Em contrapartida, quando você sabe exatamente o onde é o "Ponto B", prepara-se desde o "Ponto A". Sobre esse assunto, a Bíblia nos diz o seguinte: "O fim das coisas é melhor que o seu início, e o paciente é melhor que o orgulhoso" (Eclesiastes 7:8).

Esse versículo me mostra que, quando eu sei onde é o "Ponto B", independente de como eu estiver no "Ponto A", preciso tomar decisões que me farão persistir durante o processo até chegar bem ao "Ponto B". Isso me faz lembrar de uma pessoa que não é muito falada na Bíblia, mas tem me inspirado nesse tempo, tanto que já falamos sobre ele neste livro (Calebe).

> Os homens de Judá vieram a Josué em Gilgal, e Calebe, filho do quenezeu Jefoné, lhe disse: "Você sabe o que o SENHOR disse a Moisés, homem de Deus, em Cades-Barneia, sobre mim e sobre você. Eu tinha quarenta anos quando Moisés, servo do SENHOR, enviou-me de Cades-Barneia para espiar a terra. Eu lhe dei um relatório digno de confiança" (Josué 14:6-7).

E também:

> Pois bem, o SENHOR manteve-me vivo, como prometeu. E foi há quarenta e cinco anos que ele disse isso a Moisés, quando Israel caminhava pelo deserto. Por isso aqui estou hoje, com oitenta e cinco anos de idade! Ainda estou tão forte como no dia em que Moisés me enviou; tenho agora tanto vigor para ir à guerra como tinha naquela época. Dê-me, pois, a região montanhosa que naquela ocasião o SENHOR me prometeu. Na época, você ficou sabendo que os enaquins lá viviam com suas cidades grandes e fortificadas; mas, se o SENHOR estiver comigo, eu os expulsarei de lá, como ele prometeu (Josué 14:10-12).

O que vejo aqui? Um homem com uma disposição incrível! As escrituras não indicam que Calebe era um grande guerreiro, mas elas mostram claramente que ele possuía muita fé e paixão, qualidades que serviam a líderes naqueles dias de Josué e Calebe, mas que também servem aos líderes atuais.

Calebe nos ensina que a liderança tem menos a ver com idade do que com atitude, portanto, não é uma questão de posição, e sim de disposição. Se alguém está envelhecendo, isso não significa que essa pessoa esteja ficando ineficiente, pois Calebe tinha 85 anos e ainda estava disposto a viver os sonhos de Deus para sua vida. Há muitas pessoas que, com 25 anos de idade, já "estão morrendo"; outros com 35 já morreram e se esqueceram de deitar. E quantos nem sabem mais o que é sonhar e não têm mais forças para lutar porque já não têm disposição? E é aí que mora o problema, pois uma nação só entra em caos quando alguém a leva para lá; da mesma maneira, uma pessoa só perde a disposição porque permitiu que a vida lhe fizesse isso.

Precisamos compreender que uma visão determinará nossa qualidade de vida, que não envolve apenas o cuidado com a saúde, mas também a soma de alguns cuidados que devemos ter em nossas vidas. E o que fez com que Calebe chegasse bem ao final de sua vida? A capacidade de olhar o mundo através de uma perspectiva positiva:

> "Envie alguns homens em missão de reconhecimento à terra de Canaã, terra que dou aos israelitas. Envie um líder de cada tribo dos seus antepassados". Assim Moisés os enviou do deserto de Parã, conforme a ordem do Senhor. Todos eles eram chefes dos israelitas. São estes os seus nomes: da tribo de Rúben, Samua, filho de Zacur; da tribo de Simeão, Safate, filho de Hori; da tribo de Judá, Calebe, filho de Jefoné (Números 13:2-6).

Sabe o que é interessante? Moisés enviou 12 espias, e a Palavra diz que eles eram líderes da tribo de seus antepassados; em outras palavras, o texto está afirmando que todos eles tiveram a mesma escola e as mesmas oportunidades, mas a forma como usaram essa oportunidade foi completamente diferente. Sei que abordamos essa questão anteriormente, mas vale a pena falar novamente sobre essa história: "deram o seguinte relatório a Moisés:

> Entramos na terra à qual você nos enviou, onde há leite e mel com fartura! Aqui estão alguns frutos dela. Mas o povo que lá vive é poderoso, e as cidades são fortificadas e muito grandes. Também vimos descendentes de Enaque [...] Então Calebe fez o povo calar-se perante Moisés e disse: "Subamos e tomemos posse da terra. É certo que venceremos!" (Neemias 13:27-28, 30).

Calebe foi o primeiro a falar contra o relatório pessimista, e foi também o primeiro a se manifestar e a dizer que o povo não devia acreditar no que os dez espias relataram. A pergunta é: por que os relatórios foram tão diferentes já que todos eram líderes, foram pelo mesmo caminho e viram as mesmas coisas?

A resposta é simples: você sempre verá o mundo através de suas lentes, ou seja, seu filtro sempre estará de acordo com suas crenças. Quando você não acredita em algo, não importa quantas evidências tenha, pois sempre verá mais as dificuldades e o lado mais complicado das coisas. Por outro lado, quando você acredita em algo, por mais que haja entraves, você sempre conseguirá ver uma saída. Resumindo, a forma como você vê o mundo afeta sua qualidade de vida.

Certa vez, um homem foi visitar sua avó que morava em uma chácara no interior de uma cidade pequena, um lugar tranquilo e sossegado; mas, quando ele chegou, viu o quintal fechado com cerca alta, arames, como os dos presídios, e então foi perguntar a ela o porquê daquelas cercas. Ela começou a mostrar os programas a que assistia na televisão (programas policiais e sensacionalistas), e ele percebeu que ela estava vivendo de acordo com aqueles programas. Assim podemos perceber é que essa senhora não estava vivendo sua realidade, desfrutando a vida em um lugar calmo e tranquilo, mas vivia pressionada por uma violência que não existia, mas aquele era o mundo que ela enxergava.

Isso nos leva a pensar que, dependendo de como enxergamos o mundo, podemos transformar nossa vida em um inferno ou em um paraíso. No caso de Calebe, ele acreditava na promessa, e isso provocou um impacto incrível em sua qualidade de vida.

Um autor chamado Frederick Langbridge disse o seguinte: "Dois homens olham pela mesma janela, mas um vê a lama e o outro, as estrelas". A janela é a mesma, o que muda é a forma como essa pessoa vê o mundo.

Neste momento, vale uma reflexão: para onde você está olhando neste exato momento? Para cima ou para baixo? Para as estrelas ou para a lama? Lembre-se de que o que fez Calebe chegar bem ao final foi a expectativa do cumprimento de uma visão.

Ele esteve na terra prometida por Deus ao povo de Israel e pôde contemplar os frutos e a própria terra; além disso, Calebe sabia que tudo o que Deus havia prometido era real. Em nossa vida, muitas vezes acontece diferente, ou seja, apenas cremos, mas não vemos. Mas a Bíblia traz um alívio para nós: "[...] Felizes os que não viram e creram. Isso significa que eu e você devemos viver com a expectativa correta mesmo que não vejamos como Calebe viu. Se você conhece seu "Ponto B", precisa viver com a expectativa de um dia acordar e receber uma notícia que te aproximará cada vez mais desse lugar.

Não podemos perder esse sentimento de espera porque nossos olhos naturais ainda não estão contemplando aquilo que sonhamos viver. Neste momento, você deve estar fazendo o seguinte questionamento: "Biga, o que isso tem a ver com qualidade de vida?" A resposta a essa pergunta está na própria Bíblia: "A esperança que se retarda deixa o coração doente, mas o anseio satisfeito é árvore de vida".

Vale lembrar que uma coisa é você não estar vendo ainda o que sonha, mas tem certeza de que está no caminho certo, fazendo o que é o certo; outra coisa é perder a esperança e deixar a expectativa morrer, pois isso acaba com sua saúde, uma vez que, em vez de viver, você acaba apenas sobrevivendo, sendo que isso jamais foi o sonho de Deus para sua vida: "O ladrão vem apenas para roubar, matar e destruir; eu vim para que tenham vida, e a tenham plenamente" (João 10:10).

É a vontade de Deus que você tenha uma expectativa saudável com relação às promessas dele em sua vida; o que ele não deseja é que essa expectativa o deixe ansioso. E vale dizer que expectativa e ansiedade são duas coisas distintas, embora sejam muito próximas: ter **expectativa** é acreditar que, mesmo que seus planos demorem, eles se cumprirão; já a **ansiedade** é um sentimento que o faz sofrer todos os dias porque seus planos ainda não foram cumpridos.

> **Ter expectativa** é acreditar que, mesmo que seus planos demorem, eles se cumprirão; já a **ansiedade** é um sentimento que te faz sofrer todos os dias porque seus planos ainda não foram cumpridos.

Outro fator que fez Calebe chegar bem ao final de sua caminhada foi sua ousadia de se manter firme em suas convicções. Como vemos em Números 13:30, Calebe e Josué tinham convicção da promessa de Deus, por isso não olharam para os desafios, e sim para a conquista. Eles poderiam ter mudado de postura — aliás, acredito que foi isso que os dez tentaram fazer com eles na viagem de volta —, mas eles se mantiverem firmes às suas convicções.

Nesse sentido, quero lhe fazer algumas perguntas: como você se comporta quando é minoria? E quando quem acredita em seus sonhos é apenas você e mais um pequeno grupo de pessoas? Qual sua reação? Precisamos estar posicionados em nossas convicções, pois são elas que nos levarão a ter compromisso. E, como bem sabemos, só temos compromisso com algo quando estamos convictos daquilo e quando estamos compromissados e com a mente nessa missão. Em outras palavras, quando alimento minha mente com assuntos referentes aos meus compromissos, menos tempo tenho para pensar em me afastar das minhas convicções.

> **Quando alimento minha mente com assuntos referentes aos meus compromissos, menos tempo tenho para pensar em me afastar das minhas convicções.**

Neste momento, quero lhe dar um conselho: mesmo que você esteja sozinho em um projeto; mesmo que sua fé seja questionada por tudo e por todos, aprenda a continuar comprometido com Deus e não seja levado pelo vento de comentários venenosos.

Outra característica que precisa fazer parte da vida do líder é a lealdade, pois ela também foi um dos fatores que fizeram Calebe chegar ao final (na verdade, lealdade em meio a uma geração desleal).

> Mas os homens que tinham ido com ele disseram: "Não podemos atacar aquele povo; é mais forte do que nós". E espalharam entre os israelitas um relatório negativo acerca daquela terra. Disseram: "A terra para a qual fomos em missão de reconhecimento devora os que nela vivem. Todos os que vimos são de grande estatura. Vimos também os gigantes, os descendentes de Enaque, diante de quem parecíamos gafanhotos, a nós e a eles". Naquela noite toda a comunidade começou a chorar em alta voz. Todos os israelitas queixaram-se contra Moisés e contra Arão, e toda a comunidade lhes disse: "Quem dera tivéssemos morrido no Egito! Ou neste deserto! Por que o Senhor está nos trazendo para esta terra? Só para nos deixar cair à espada? Nossas mulheres e nossos filhos serão tomados como despojo de guerra. Não seria melhor voltar para o Egito?" E disseram uns aos outros: "Escolheremos um chefe e voltaremos para o Egito!" (Números 13:31-33—14:1-4).

Calebe tinha uma visão, conseguia ver o mundo de uma perspectiva positiva, tinha expectativa do cumprimento da visão e tinha ousadia. Sendo assim, o que o impedia de começar uma rebelião e ir com alguns até a terra prometida? O que o impedia de ter uma atitude diferente, já que o resultado do relatório pessimista dos dez foi uma mini revolta civil? Calebe tinha tudo para olhar para Josué e dizer: "Josué, vamos nós! Vejamos quem acredita em nós e vamos!'. Mas ele não fez isso! Pelo contrário! Mesmo sabendo que o povo sofreria e que estava sendo enganado por uma notícia falsa; mesmo sabendo de tudo isso, ele se submeteu a ir com esse povo ao deserto e permitiu que o tempo mostrasse quem estava com a razão.

Calebe sabia que sofreria no deserto com o povo, mas isso não o revoltou e ele não deixou sua posição. Ele é um exemplo de lealdade, e podemos perceber que em nenhum momento ele quis assumir um papel que não fosse o seu — ou seja, ele não quis ser o número um; em vez disso, foi fiel às direções de Moisés e depois de Josué, e isso me leva à outra lição: Calebe venceu o espírito de rejeição em sua vida.

Sabe uma das coisas que acaba com a saúde de qualquer pessoa? Ficar mendigando a atenção de quem não está lhe "dando bola". Geralmente, pessoas que foram desprezadas por seus pais têm de lutar a vida inteira contra esse espírito, o que faz com que ela viva buscando aprovação. Por isto, ela sempre tentará fazer o melhor: para tentar provar que tem valor. Mas Calebe foi fiel em cada situação de sua vida e não deixou sua posição em nenhum momento. Contudo, um dia: "Então Moisés convocou Josué e lhe disse na presença de todo o Israel: "Seja forte e corajoso, pois você irá com este povo para a terra que o Senhor jurou aos seus antepassados que lhes daria, e você a repartirá entre eles como herança" (Deuteronômio 31:7). Meu Deus do céu! Calebe fez o que fez e, na hora da promoção, seu amigo foi o escolhido. E se fosse com você? E quando você não é chamado para ser o primeiro? E quando seu chamado é dar suporte ao chamado de outra pessoa? Acredito que Deus levanta uma pessoa e dá uma missão a ela, depois levanta outras para que suas visões deem suporte a visão daquela que ele levantou. Bem, para ficar mais claro, vou explicar como isso se deu na minha vida.

Deus deu uma visão ao Apóstolo Rina de implantar igrejas ao redor do mundo e me deu uma visão para implantar igrejas no Estado do Paraná, na Colômbia e no Paraguai. Dentro da minha visão, estou dando suporte para a visão do Apóstolo; ou seja, eu nunca serei "ele", mas, dentro do meu chamado, estou dando suporte para um chamado maior.

Sabe o que acaba com a qualidade de vida de uma pessoa? Quando ela não consegue se contentar dentro do seu chamado e vive querendo ser quem não foi chamada para ser ou quando quer fazer as coisas para chamar a atenção de quem está acima dela.

Calebe me mostra alguém que soube agir com tranquilidade e ser fiel na sua posição, e creio que ele deve ter chegado a Josué e dito assim: "Josué, conte comigo! Acreditamos nas mesmas coisas! E agora vai! Vamos entrar naquela terra!". Em vez de ver Josué como um rival, Calebe o vê como um braço e um aliado.

Calebe soube trabalhar em equipe e usar uma situação que para muitos seria o fim, para ser o começo de uma nova história. Por isso, aos 85 anos, você o vê dizer:

> Ainda estou tão forte como no dia em que Moisés me enviou; tenho agora tanto vigor para ir à guerra como tinha naquela época. Dê-me, pois, a região montanhosa que naquela ocasião o Senhor me prometeu. Na época, você ficou sabendo que os enaquins lá viviam com suas cidades grandes e fortificadas; mas, se o Senhor estiver comigo, eu os expulsarei de lá, como ele prometeu (Josué 14:11-12).

Calebe tinha uma visão, e essa visão o manteve forte. E você, o que vê hoje? O que essa visão está fazendo com sua vida? Ela o faz crescer ou está destruindo-o aos poucos? Calebe ainda estava forte 40 anos depois que recebera a promessa; e você, como estará daqui a dez anos se continuar fazendo o que faz hoje? Se continuar tratando seu casamento como você o trata hoje, como ele estará daqui a dez anos? Se continuar tratando da saúde como a trata hoje, como ela estará daqui a dez anos? Se continuar tratando sua vida devocional (oração e leitura da Palavra) como trata hoje, como você estará, espiritualmente falando, daqui a dez anos? Mais uma vez eu lhe digo: mais vale o fim das coisas do que o seu início. Calebe não apenas estava forte, como também estava disposto a continuar lutando para conquistar sua promessa.

Quero finalizar perguntando o seguinte: querido (a), quando chegar sua hora, a hora da sua promoção, você estará disposto(a) para lutar? Ou já terá pendurado as chuteiras? Quantas pessoas perdem o pique no decorrer dos anos e deixam de ter o gás necessário? Só posso lhe dizer uma coisa: não sei quando Deus cumprirá o que prometeu a você, mas sei que, quando ele cumprir, você precisará estar preparado. Entenda que, para Deus, o tempo não passa como o nosso, portanto, continue firme, pois você nunca saberá quando acordará com uma ligação que mudará sua história.

capítulo | **14** |

A VISÃO DETERMINA SEUS **Resultados**

Esse é um assunto interessantíssimo, pois, hoje em dia, as pessoas observam os resultados de tudo o que você faz. Chegamos ao ponto de se medir a credibilidade de uma pessoa pelo número de seguidores que ela tem nas redes sociais — tudo na vida é visto por essa ótica.

O que é resultado para você? Se tivermos uma visão como os demais, sempre veremos números ou aparência, mas a questão é que nem sempre os números mostram os resultados verdadeiros. Mas, se estamos falando de visão, faz sentido que o resultado que preciso apresentar para Deus tenha mais a ver com o que ele espera de mim do que os números propriamente dizem? Por exemplo, uma pessoa pode estar apresentando péssimos números — talvez esteja com dificuldades financeiras, tendo muitas brigas dentro da família ou com a agenda bagunçada — e mesmo assim apresentar resultados ótimos diante de Deus. Isso fica mais claro que vemos a Bíblia dizer que: Para tudo há uma ocasião certa; há um tempo certo para cada propósito debaixo do céu" (Eclesiastes 3:1). Vou explicar melhor.

Quando me mudei para Curitiba, tive um tempo muito difícil, tanto que algumas pessoas chegaram a me dizer que era melhor eu voltar para São Paulo do que ficar aqui sofrendo. Quais resultados minha vida apresentava para quem via de fora? Nenhum! Na verdade, eram números negativos, pois em São Paulo eu tinha um bom emprego, mas aqui estava vivendo como autônomo, tendo pouco serviço; lá eu tinha patrocínio no esporte, e aqui nem comer direito eu conseguia; em São Paulo eu tinha a mocidade inteira da igreja como amigos, mas aqui estava sozinho.

Os números eram péssimos, mas, toda vez que entrava em uma igreja, Deus usava uma pessoa para dizer que um dia isso iria passar. Sabe o que Deus estava querendo me dizer por meio daquelas mulheres usadas por Ele? Que, ainda que os números fossem péssimos diante das pessoas, diante dele eu estava dando os frutos adequados à estação e ao tempo em que estava vivendo.

Deus não estava vendo os números de acordo com o que os homens estavam enxergando, mas sim de uma perspectiva divina. Nesse sentido, não era a quantidade de dinheiro que eu ganhava ou deixava de ganhar, não tinha a ver com os troféus que eu deixaria de conquistar no esporte ou com a falta de amigos em Curitiba, mas o quanto eu conseguia permanecer inabalável mesmo perdendo tanto e o quanto eu conseguia permanecer sonhando naquele momento mesmo sem conseguir enxergar nada à frente; também o quanto eu conseguia permanecer crendo em uma promessa quando todas as circunstâncias apontavam para o contrário.

Resumindo, o que eu quero dizer é que Deus não se move por resultados de uma pessoa que está fora do Seu propósito, por isso a Bíblia diz: "Pois vocês são salvos pela graça, por meio da fé, e isto não vem de vocês, é dom de Deus; não por obras, para que ninguém se glorie" (Efésios 2:8-9). Como podemos ver, Deus não está olhando muito para o que fazemos, mas sim "por que" fazemos, e aqui está o segredo. Por que você faz o que faz? Talvez você consiga explicar "o que" faz ou "como" faz o que faz, mas precisa conseguir responder com um "porquê". Para ficar mais claro, vou lhe mostrar o meu "porquê".

Acredito em um mundo melhor por meio de pessoas melhores e, para uma pessoa poder melhorar o mundo, ela precisa ter 3 pilares de sustentação:

- **Identidade:** para uma pessoa entender sua identidade, ela precisa ter um encontro com seu Criador: "Os teus olhos viram o meu embrião; todos os dias determinados para mim foram escritos no teu livro antes de qualquer deles existir" (Salmo 139:6). Aqui entra o "porquê" sou pastor de uma igreja e viajo ministrando por várias cidades e estados, por que criei um ministério de adoração chamado h27 e também por que escrevo livros e histórias para crianças.
- **Potencial:** para uma pessoa ter impacto e fazer um mundo melhor, ela precisa saber quem ela é; em seguida, extrair o dom que há dentro dela (ou seja, saber qual é o propósito de Deus para a vida dela): "Muitos são os planos no coração do homem, mas o que prevalece é o propósito do Senhor" (Provérbios 19:21). Aqui entra o "porquê" faço palestras sobre liderança, treinamentos com líderes, porque criei um site sobre o tema (www.liderandocomexcelencia.com), e por que faço seminários e escrevo livros sobre liderança. Uma vez que a pessoa entende quem ela realmente é e qual o potencial dentro dela, então consegue tocar e mudar quem está ao seu lado.
- **Mudança social:** trata-se de alguns projetos que estão saindo da gaveta, por exemplo, a casa de reabilitação, um local destinado a pessoas que saem de uma casa de recuperação para que possam ter acesso a uma educação profissional. Esse é o meu "Porquê": todo resultado será medido por Deus dentro desse desenho de que lhe falei, e esse resultado precisa estar alinhado com sua visão, senão, serão apenas números que preencherão uma planilha. Isso é muito importante, pois seu "Porquê" traz inspiração diária, e não existe nada que possa trazer mais alegria e felicidade do que acordar todos os dias com o sentido claro do motivo pelo qual fazemos o que fazemos.

A diferença entre líderes medianos e grandes líderes é que estes são capazes de inspirar pessoas a agir dando a elas um sentido, uma visão e um "porquê". Já comentei em capítulos anteriores que ninguém segue um líder que não sabe para onde está indo, o que nos ensina que as pessoas estão procurando líderes com uma visão e com um "porquê" claro.

Geralmente, as pessoas compram a visão e depois o líder, e querem saber para onde você está indo e por que quer chegar lá. Tomemos como exemplo uma família em que o homem não sabe para onde está indo, nem por que faz o que faz; ou uma empresa em que o proprietário só pensa em lucro e não tem uma visão nem um objetivo; nesse caso, talvez a empresa até tenha lucro, mas, pensando no que já falamos, os resultados nem sempre vêm por causa dos números. Então, uma empresa pode estar prosperando, mas não estar cumprindo um propósito. Então você me diz: "Para mim, o dinheiro é que importa!". Tudo bem, só há um detalhe: isso passa rápido, pois assim que as pessoas percebem que você só pensa nos dividendos, elas trocam de empresa. Um exemplo disso é a Apple, uma empresa que sabe muito bem por que existe, tanto que seu fundador morreu e ela não sofreu nenhum dano. Quando você entende o "porquê" da sua vida, não vê os resultados que está obtendo no presente segundo uma óptica natural, mas começa a ver os resultados dentro de um grande "mapa" que está inserido em uma grande "visão". Foi assim com Abraão, que, quando recebeu o chamado de Deus, obedeceu porque via o futuro pela óptica do criador, não pela sua própria.

"Então o Senhor disse a Abrão: 'Saia da sua terra, do meio dos seus parentes e da casa de seu pai, e vá para a terra que eu lhe mostrarei. "Farei de você um grande povo, e o abençoarei. Tornarei famoso o seu nome, e você será uma bênção'" (Gênesis 12:1-2).

Havia uma promessa na vida de Abrão, uma promessa que envolvia começar uma grande nação, ser uma pessoa abençoada e ter um nome conhecido, mas, para isso acontecer, Abrão precisava entender o começo da promessa. Ele só seria uma grande nação, só seria uma pessoa abençoada e teria um grande nome se saísse da sua terra. Em outras palavras, ele só viveria a promessa se saísse do conforto que tinha em sua terra. A questão é que Abrão já era uma pessoa bem-sucedida: "Levou sua mulher Sarai, seu sobrinho Ló, todos os bens que haviam acumulado e os seus servos, comprados em Harã; partiram para a terra de Canaã e lá chegaram" (Gênesis 12:5).

Na ótica humana, ele não precisava deixar sua terra natal para se aventurar, pois já tinha alguns resultados; e é justamente por isso que a visão determina seus resultados, pois, como já falei, você pode ter tudo de que precisa e, mesmo assim, não estar cumprindo um propósito. Abrão entendeu muito bem isso e, por mais que já possuísse bens, aceitou o desafio de deixar seu conforto para cumprir um propósito. É por isso que geralmente digo que não podemos trabalhar apenas por dinheiro; em vez disso, devemos investir nossa vida em um propósito.

Quantos são bem-sucedidos, mas vazios por dentro e não possuem um sentido de propósito. Não estou falando para você abandonar o que está fazendo agora, no entanto, deve caminhar tendo como base o tripé sobre o qual já comentei; ou seja, precisa saber quem realmente é em Deus, o que ele colocou dentro de você e como pode tocar o mundo com o que tem.

Trabalhei muitos anos com artes, pois precisava me sustentar, mas tinha liberdade para mudar de cidade e começar novas igrejas justamente porque meu trabalho me acompanhava — isso é muito pessoal, por isso tudo começa com a identidade.

Abraão saiu e as dificuldades vieram; a primeira coisa que ele encontrou pela frente foi um deserto e uma terra onde havia fome: "Houve fome naquela terra, e Abrão desceu ao Egito para ali viver algum tempo, pois a fome era rigorosa" (Gênesis 12:10).

Sejamos sinceros: a matemática não bate. Como um homem que tem tudo em uma terra boa, abandona sua parentela e escolhe ir para um deserto em uma região onde há fome? Essa é a questão dos Resultados segundo a óptica de Deus, pois ele não estava vendo os números que Abrão possuía, e sim observando a estrada em que ele estava caminhando.

Quantos desistem de caminhar pela estrada do propósito simplesmente porque os resultados são horríveis naquele momento. Nessas horas, tudo de que precisamos é nos lembrar da promessa. Dúvidas certamente virão, e nosso inimigo potencializará as dificuldades; por esse motivo, não se apegue aos números, e sim às promessas e à visão.

Uma vez aprendi que, minha obediência teria de me conduzir aonde minha fé não me levava. Quantas vezes, no início, quando cheguei pela primeira vez em Curitiba, em 1994, quis ir embora; o que me manteve aqui foi apegar-me às promessas que Deus havia feito, isto é, foi olhar para a visão mais do que para os resultados.

Você precisa entender que, na estrada da obediência, a visão primeiramente cresce para baixo; é como uma árvore, que, antes de oferecer frutos que possam ser consumidos, precisa fixar suas raízes, e, quanto mais profundas, mais saborosos serão esses frutos.

Quando olhamos para a história de José, vemos que ele tinha uma visão; no entanto, se você for olhar para os resultados iniciais, eles pareciam todos negativos: foi vendido pelos seus irmãos, preso injustamente e esquecido na prisão por dois anos pelo copeiro-chefe... em suma, parece que tudo realmente estava indo mal.

No entanto, enquanto para muitos José estava caindo, aos olhos de Deus ele estava criando raízes. O que essa situação nos ensina é que o julgamento das pessoas, quando feito apenas levando em consideração fatores externos e visíveis, não reflete a realidade. Mesmo que os fatores externos pareçam desfavoráveis, se estivermos no centro da vontade de Deus e firmes em nossa visão e em nosso propósito, temos certeza de que os resultados serão os melhores possíveis. Em outras palavras, para se ter ótimos resultados, é importante compreender o propósito e, para se compreender o propósito, é preciso compreender a identidade, o que acontece quando nos aproximamos de Deus.

Há anos, indico a leitura de um livro chamado *Andando no Espírito, andando no poder*, de Dave Roberson, pois a leitura desse livro virou uma chave em minha mente sobre oração. Qual o resultado? Mergulhei em uma vida de oração e minha identidade em Deus foi revelada de maneira mais profunda e me fez descobrir os talentos que ele havia colocado dentro de mim e extraí-los; por causa disso, muitas mudanças estão acontecendo em minha vida e em muitas pessoas que são tocadas pelo que fazemos.

Uma das armas que nosso inimigo tem usado contra o povo de Deus para evitar que ele se aproxime mais do Pai são as distrações; atualmente, são tantas as distrações que, quando você se dá conta, perdeu horas fazendo coisas que não agregaram valores à sua vida. Mais uma vez, é importante dizer que não sou contra a internet e as redes sociais, no entanto, muitas pessoas perdem horas nesses aplicativos. Se você tem um propósito e deseja realizá-lo, é importante que reflita sobre quais distrações têm tomado seu tempo sem agregar nenhum valor a você.

Para finalizar, gostaria de ressaltar que seus resultados estão totalmente ligados ao seu propósito que está altamente ligado ao nível de sua intimidade com seu Criador e, consequentemente, sua intimidade está ligada à boa administração do seu tempo, o que significa evitar qualquer distração que o faça perder o foco do seu propósito.

capítulo | **15** |

A VISÃO DETERMINA SUA **Saúde mental**

Todo ataque na vida de uma pessoa começa pela mente, porque uma ação só acontece quando um pensamento vira um sentimento; ou seja, antes de uma pessoa cometer qualquer erro na vida, ela primeiramente pensará sobre isso, em seguida, esse pensamento se tornará em um sentimento que, consequentemente, virará uma ação. Por isso a Bíblia é tão enfática com relação aos nossos pensamentos: "Não se amoldem ao padrão deste mundo, mas transformem-se pela renovação da sua mente, para que sejam capazes de experimentar e comprovar a boa, agradável e perfeita vontade de Deus" (Romanos 12:2); "Todavia, lembro-me também do que pode me dar esperança" (Lamentações 3:21); e "Finalmente, irmãos, tudo o que for verdadeiro, tudo o que for nobre, tudo o que for correto, tudo o que for puro, tudo o que for amável, tudo o que for de boa fama, se houver algo de excelente ou digno de louvor, pensem nessas coisas" (Filipenses 4:8).

Muitas lutas são travadas na mente; é só pensar em quantas pessoas estão deixando de alcançar seu potencial máximo em Deus porque se deixam levar por maus pensamentos. Já comentamos sobre o CHA na liderança (Conhecimento + Habilidade +

Aplicação) e que a soma desses três itens nos levará aos resultados. Quando Deus nos criou, ele nos fez com a capacidade de cumprir um chamado e jamais desperdiçará um talento; além disso, se ele tem nos chamado para um propósito, sabe que temos capacidade de realizá-lo.

Para adquirir habilidade, é necessário que você faça a sua parte e, uma vez desenvolvida essa habilidade, o segredo está em aplicar o que aprendeu. Agora, a grande questão está na primeira letra. Ainda que eu diga que você é capaz de cumprir um propósito, pelo menos aos olhos de Deus, muitos ainda não se sentem capazes porque não entendem a diferença entre **conhecimento** (um conjunto de verdades armazenadas por meio de experiências e aprendizagens e o ato de perceber ou compreender por meio da razão ou da experiência), **inteligência** (a capacidade de compreender e resolver novos problemas e conflitos e de adaptar-se a novas situações) e **sabedoria** (um dom que nos permite discernir qual o melhor caminho a seguir e a melhor atitude a adotar nos diferentes contextos que a vida nos apresenta).

> Muitas pessoas não se sentem capazes porque não entendem a diferença entre conhecimento, inteligência e sabedoria.

Um exemplo de sabedoria está presente em 1Reis 3:16-28, onde o Rei Salomão julga duas mulheres que reivindicavam a maternidade de uma criança viva. Sabedoria é um pilar fundamental para o desenvolvimento espiritual e do propósito que há dentro de cada um de nós, mas vale ressaltar que uma pessoa com conhecimento não necessariamente será inteligente e sábia. Uma pessoa inteligente pode até resolver problemas dos quais até então não tinha conhecimento, mas isso não garante que ela seja sábia ou que tenha conhecimento.

Por fim, uma pessoa sábia não precisa necessariamente ter conhecimento de muitas coisas, mas, quando se trata de liderança, aqui vale uma ressalva: os líderes não têm obrigação de saber de tudo, mas precisam estar cercados de pessoas que sabem fazer o que eles não sabem. Mas, infelizmente, nem todos os líderes levam a sério essa questão, porque isso envolve aprender a investir em relacionamentos, o que dá trabalho e custa caro. Líderes centralizadores geralmente estão sozinhos; o que é um grande problema, primeiramente porque o homem não foi criado para andar sozinho, pois isso o torna vulnerável aos ataques dos inimigos. O grande líder, por outro lado, entende que os dons e talentos foram distribuídos a várias pessoas e sabe identificar e descobrir pessoas que o complementem para que possa, assim, cumprir sua missão.

Mas, como bem sabemos, quando essa questão está no âmbito da teoria é até fácil; mas, na prática, não é tão simples assim. Há um caminho a ser percorrido entre saber o que se deve fazer e fazer o que efetivamente é necessário. Muitos param no meio do caminho, e isso se deve ao fato de que muitas vezes eles até sabem o que devem fazer, desejam fazê-lo, mas seus pensamentos os consomem e os levam a acreditar em questões que não são verdadeiras.

No livro *Inteligência positiva*, de Shirzad Chamine, há uma frase muito interessante: "Sua mente é sua melhor amiga, mas também é sua pior inimiga". Nesse livro, o autor comenta sobre dez padrões de comportamento (os "sabotadores") que impedem a realização plena do potencial de cada pessoa. É importante conhecê-los porque, se algum (ou alguns) deles fizerem parte de nossa vida, nossa atitude imediata deve ser combatê-los. Veja quais são esses padrões no quadro a seguir:

Os dez padrões de comportamento sabotadores

Tipo de sabotador	Definição
1. Crítico	Faz com que você constantemente busque defeitos em si mesmo, nos outros e nas circunstâncias, o que provoca ansiedade, estresse, raiva, decepção, vergonha e culpa.
2. Insistente	É perfeccionista e necessita de ordem e organização extremas. Isso faz com que as pessoas ao redor fiquem ansiosas e nervosas; além disso, ele drena sua energia na busca da perfeição e faz com que você viva em constante frustração.
3. Prestativo	Este tipo de sabotador o obriga a se esforçar para ganhar a atenção e afeição dos outros mesmo que para isso precise distribuir elogios constantemente.
4. Hiper-realizador	O desempenho e as realizações constantes são indispensáveis para o hiper-realizador, o que leva a se tornar refém dos resultados para conseguir respeito próprio e provoca o vício em trabalho e perda de profundidade emocional.
5. Vítima	Esse sabotador é responsável por você se sentir emotivo e temperamental, buscando constantemente atenção e afeto. O maior problema é que ele o induz a focar em sentimentos dolorosos, o que pode resultar em tendência à martirização.
6. Hiper-racional	Quando você está sob influência do sabotador hiper-racional, pode ser visto como uma pessoa fria, distante ou intelectualmente arrogante, porque se concentra no processo racional de tudo, inclusive dos relacionamentos. Aqui, as emoções não merecem respeito.

7. Hiper-vigilante	Constantemente em estado de alerta, o hiper-vigilante nunca descansa e o faz se sentir ansioso com relação a todos os perigos que o cercam e a tudo que pode dar errado.
8. Inquieto	O inquieto o deixa sempre em busca de novas emoções, porque ele precisa viver a vida intensamente e ficar parado é entediante. Com isso, você entra numa busca por novas atividades, já que as atuais já não dão tanta paz ou alegria.
9. Controlador	Na visão do controlador, ou você está no controle ou está fora de controle. Ele é movido à necessidade de estar no comando e de dirigir as ações das pessoas de acordo com a vontade dele.
10. Esquivo	O esquivo se concentra no positivo e no prazeroso de forma extrema e evita as tarefas difíceis e desagradáveis. Por causa dele, você vai procrastinar as obrigações e fugir dos conflitos, e, consequentemente, haverá atrasos na conclusão dos planos.

Fonte: Baseado em: CHAMINE, Shirzad. *Inteligência positiva*. São Paulo: Fontanar, 2013.

Se estamos falando que a visão determina sua saúde mental e que existem sabotadores que vivem querendo minar seus pensamentos, a solução para resolver esse problema não pode ser outra senão **sabedoria**. É importante que você entenda que não estou falando de inteligência nem de conhecimento, e sim de sabedoria. Ela é tão valiosa que a Bíblia a exalta: "Como é feliz o homem que acha a sabedoria, o homem que obtém entendimento, pois a sabedoria é mais proveitosa do que a prata e rende mais do que o ouro. É mais preciosa do que rubis; nada do que você possa desejar se compara a ela" (Provérbios 3:13-15).

> A visão determina sua saúde mental e existem sabotadores que vivem querendo minar seus pensamentos; a solução para resolver esse problema não pode ser outra senão **sabedoria**.

No versículo 13, a Bíblia diz que "o homem obtém entendimento", o que nos leva a concluir que conhecimento é algo que se adquire por diversos meios; nesse sentido, o verdadeiro líder deve ser um eterno aprendiz, nunca se conformando e achando que já conhece o suficiente. Outro fator é que, segundo a Bíblia, "sabedoria se acha", o que significa que devemos procurá-la; essa procura tem um preço e exige sacrifício, então, este é o momento de você refletir sobre que preço está disposto a pagar para ser um líder mais eficaz, pois certamente o preço não será baixo.

A Bíblia também nos ensina que "o temor do Senhor é o princípio do conhecimento, mas os insensatos desprezam a sabedoria e a disciplina (Provérbios 1:7). Tenho aprendido que o Temor do Senhor tem a ver com o quanto permito que minhas emoções e meus pensamentos sejam guiados por ele, mesmo quando meu corpo e meus instintos digam outra coisa. Em outras palavras, temor ao Senhor é saber que ele conhece o mais profundo da minha vida e que eu não devo tentar esconder minhas dificuldades; pelo contrário, quando eu as coloco diante dele e aguardo com paciência, ele trabalha em meu favor. O Salmo 40 reforça essa ideia: "Coloquei toda minha esperança no Senhor; ele se inclinou para mim e ouviu o meu grito de socorro (Salmo 40:1). O temor ao Senhor é o grande segredo para vencer todos os sabotadores; para isso, basta que você tenha isso muito vivo em sua mente.

Sendo assim, quando o "sabotador crítico" o levar a encontrar defeitos em tudo e em todos, o temor ao Senhor o fará entender que somos diferentes e que essa é a arte e a multiforme sabedoria de Deus. Ele nos fez diferentes para que nos completemos e entendamos que não fomos chamados para todas as pessoas — ou seja, haverá pessoas que ouvirão você e outras que não querem vê-lo nem "pintado de ouro". Existem pessoas que moram no lado da igreja que pastoreio, mas atravessam a cidade para ir a outra igreja. Há aquelas que moram no outro lado da cidade e que passam na frente de dezenas de igrejas, mas têm como objetivo frequentar a nossa igreja. Por quê? Porque nosso chamado é específico e geográfico; entender isso faz parte do Temor ao Senhor.

Quando o "sabotador insistente" estiver drenando sua energia, buscando a perfeição e a organização extrema, o temor ao Senhor o levará a entender que tudo tem seu tempo determinado e que, no final, tudo dará certo — em outras palavras, o temor faz com que você descanse em Deus.

Quando o "sabotador prestativo" forçá-lo a chamar a atenção dos outros, o temor ao Senhor o levará a entender que a única pessoa cuja atenção você precisa chamar é a de Jesus, e chamar a atenção dele significa viver em obediência e fé.

Quando o "sabotador realizador" quiser levá-lo ao vício no trabalho, o temor ao Senhor mostrará que o equilíbrio e o descanso em Deus fazem muito mais em sua vida do que horas de trabalho sem descanso. Quando o "sabotador vítima" quiser lembrar você apenas dos sentimentos dolorosos, o temor ao Senhor lhe trará à memória aquilo que pode dar-lhe esperança.

Quando o "sabotador hiper-racional" quiser que você esfrie na fé por estar processando tudo intelectualmente, o temor ao Senhor o lançará aos maiores atos de fé da sua história, pois ele lhe lembrará que a fé sem obras é morta. Quando o "sabotador hiper vigilante" quiser mantê-lo ansioso, sem jamais descansar, o temor ao Senhor o fará lembrar de que não devemos andar ansiosos por nada nessa vida e que a maior alegria de Deus é ver que seus filhos aprenderam a descansar nele.

Quando o "sabotador inquieto" quiser que você viva buscando novas emoções, o temor ao Senhor o levará ao entendimento de que a plenitude em nossos sentimentos vem quando estamos na estrada da obediência a ele. Quando o "sabotador controlador" quiser que você esteja sempre no comando, o temor ao Senhor o lembrará de que sozinhos podemos vencer uma batalha, mas, em equipe, venceremos a guerra. Nem sempre estaremos guiando uma tarefa, mas muitas vezes faremos parte de uma equipe que terá outros líderes; nesse sentido, a sabedoria no convívio com outros líderes nos levará ao sucesso em nossa caminhada.

Quando o "sabotador esquivo" quiser te fazer fugir dos conflitos, o temor ao Senhor te fará entender que todo conflito existe porque há alguém com uma solução e que toda solução precisa de alguém aberto para enfrentar os conflitos de uma maneira sábia.

Pense que a **sabedoria** poderá mudar sua história para sempre e o fará temer ao Senhor; e esse temor o levará a ver a vida de outro prisma e entender que seus pensamentos precisam estar alinhados com os pensamentos de Deus — ou seja, precisamos aprender a levar cativo todo pensamento a Deus, pois "as armas com as quais lutamos não são humanas; ao contrário, são poderosas em Deus para destruir fortalezas. Destruímos argumentos e toda pretensão que se levanta contra o conhecimento de Deus, e levamos cativo todo pensamento, para torná-lo obediente a Cristo" (2Coríntios 10:4-5)

Por fim, acho válido refletirmos sobre algumas perguntas: sua mente age mais como sua amiga ou sua inimiga? Quanto tempo você gasta sendo levado por maus pensamentos? O quanto você consegue levar seus pensamentos ao Senhor?

Refletir sobre essas questões é importante porque, quanto mais seus maus pensamentos guiarem suas emoções, mais difícil será sua caminhada; por outro lado, quanto mais você permitir que seus pensamentos sejam guiados por um relacionamento íntimo com Deus, mais se sentirá pleno em tudo o que estiver fazendo, pois tudo começa e termina no modo como você conduz seus pensamentos.

capítulo | **16** |

A VISÃO DETERMINA O **Tempo** INVESTIDO EM SEU **Talento**

Não é de hoje que comento sobre a importância de se entender esse assunto, e sempre cito a passagem em que Jesus, com 12 anos de idade, estava conversando e respondendo aos questionamentos que os doutores da lei faziam a Ele. Jesus sabia o motivo do seu envio a terra e jamais teve problemas com seu propósito. Percebemos que Jesus nunca desperdiçou seu tempo; pelo contrário, ele foi preciso, e em três anos fundou sua igreja, que já dura mais de 2 mil anos e não para de crescer — e o melhor: apenas com 12 colaboradores. Não há dúvidas da precisão de Jesus, contudo, quando ele está ali, algo acontece. Analisemos o texto:

> Todos os anos seus pais iam a Jerusalém para a festa da Páscoa. Quando ele completou doze anos de idade, eles subiram à festa, conforme o costume. Terminada a festa, voltando seus pais para casa, o menino Jesus ficou em Jerusalém, sem que eles percebessem. Pensando que ele estava entre os companheiros de viagem, caminharam o dia todo. Então começaram a procurá-lo entre os

seus parentes e conhecidos. Não o encontrando, voltaram a Jerusalém para procurá-lo. Depois de três dias o encontraram no templo, sentado entre os mestres, ouvindo-os e fazendo-lhes perguntas. Todos os que o ouviam ficavam maravilhados com o seu entendimento e com as suas respostas. Quando seus pais o viram, ficaram perplexos. Sua mãe lhe disse: "Filho, por que você nos fez isto? Seu pai e eu estávamos aflitos, à sua procura". Ele perguntou: "Por que vocês estavam me procurando? Não sabiam que eu devia estar na casa de meu Pai?" Mas eles não compreenderam o que lhes dizia. Então foi com eles para Nazaré, e era-lhes obediente. Sua mãe, porém, guardava todas essas coisas em seu coração. Jesus ia crescendo em sabedoria, estatura e graça diante de Deus e dos homens (Lucas 2:41-52).

Sabe o que vejo? Uma pessoa que sabia o que fazer, mas também sabia esperar o tempo certo para fazer o que era certo. Muitas pessoas se perdem na vida não porque não têm uma visão, mas porque atropelam o tempo do cumprimento dessa visão. Quando olho para minha vida, por exemplo, posso ver claramente que, se eu tivesse conquistado tudo que sonhei no tempo em que eu queria, talvez não estivesse onde estou hoje... talvez tivesse atropelado tudo.

Hoje eu vivo muitos dos sonhos que tive anos atrás, a questão é que eles aconteceram no tempo de Deus. Mas aí surge a pergunta: qual é o tempo de Deus? Bem, podemos dizer que é o tempo depois do amadurecimento da pessoa. Por ter criado a humanidade, Deus conhece o ser humano melhor do que qualquer especialista e sabe que para tudo há um tempo: há tempo de esperar, tempo para crescer e tempo para amadurecer.

A questão é que minha fé precisa estar ciente de que tudo terá seu tempo, portanto, não adianta ser uma pessoa de fé se vivo ansioso, pois a ansiedade tem feito com que pessoas tentem fazer coisas para as quais não estão preparadas e, como sabemos, sem preparo não há credibilidade.

Todo tempo de espera nos faz amadurecer, e esse amadurecimento nos leva a ter uma vida equilibrada. Aqui, vale uma reflexão: você valoriza seu tempo? Ou, melhor, quanto vale seu tempo?

Imagine um banco que, a cada manhã, credita R$ 86.400,00 na sua conta corrente, no entanto, esse banco não permite que você acumule qualquer dinheiro, ou seja, mesmo que você gaste apenas R$ 1,00 hoje, amanhã aparecerá novamente R$ 86.400,00. O que você faria? O nome desse banco é "**Tempo**".

Diariamente, em nosso banco do tempo são creditados 86.400 segundos e, a cada noite, esse tempo é consumido, tenha você aproveitado ou não; apesar disso, poucos parecem se preocupar com ele, não se dando conta de que não somos eternos.

Neste momento, é primordial que você reflita sobre as seguintes perguntas: o que é mais importante na sua vida, seu trabalho ou sua família? Seu ministério ou sua família? Geralmente as pessoas respondem que é a família, mas, se a família é importante, então ter condições de sustentá-la também deve ser; se a família é importante, então conduzi-la a Deus também o é. Ou seja, eu não posso ser um ótimo marido e um péssimo profissional, assim como não posso ser um ótimo pai e um péssimo discípulo de Jesus.

A questão é que não há "o mais" importante, pois tudo faz parte da sua vida e tudo é importante; a diferença está em como você administra o tempo para cuidar de cada área importante. Sem maturidade para entender o valor do seu tempo, uma pessoa tende a deixar uma dessas áreas de lados, no entanto, vale lembrar que seu sucesso na família dependerá do equilíbrio na administração do seu tempo.

A falta de paciência com o tempo tem levado as pessoas a não protegerem todas as áreas importantes de suas vidas; assim, elas acabam confundindo tudo, e, como já dissemos, na hora de ficar com a família, querem trabalhar, e na hora de trabalhar querem ler a Bíblia, e na hora de buscar a Deus querem ficar com a família.

Mas é importante frisar que, para que você consiga ter uma vida equilibrada, será necessário estratégia, plano e organização, o que significa que você terá de ter o controle da sua agenda, e não ser controlado por ela. Se você quer ver Deus agindo em sua vida, precisará aprender a equilibrar sua agenda e proteger o que ele tem te dado: Ele te deu sua família; portanto, proteja-a. Ele também lhe deu sua profissão, então, proteja-a sendo o melhor no que você faz; e também te deu a condição de poder chamá-lo de Pai, portanto, não desperdice seus dias sem ter um momento a sós com Deus.

A boa administração do tempo é um dos fatores mais importantes para o sucesso da sua visão, pois, para a concretização de sua visão, Deus agregou ao seu DNA dons e talentos, os quais muitas vezes não são acessados e outras vezes não são valorizados.

Deixa-me explicar melhor: como já mencionado neste livro, o Dr. Myles Munroe dizia que a maior tragédia do ser humano é morrer sem ter acessado todo o potencial que Deus havia colocado dentro dele. Nesse sentido, vale pensar em quantas canções não foram cantadas, e quantos livros deixaram de existir, e quantos talentos não foram acessados, e tudo isso porque muitos não tiveram coragem de investir seu tempo para primeiramente descobrir quais eram esses talentos e, em seguida, investir corretamente neles.

Muitas pessoas que falam sobre liderança, ensinam que você precisa investir seu tempo, desenvolvendo os talentos que você não tem ou que são pouco desenvolvidos, mas eu acredito que seja o contrário disso e ensino o oposto, ou seja, que você e eu não teremos todos os talentos para realizar uma missão, pois Deus distribuiu a cada um segundo sua própria capacidade: "A um deu cinco talentos, a outro dois, e a outro um; a cada um de acordo com a sua capacidade" (Mateus 25:15).

Cada um de nós tem uma capacidade, mas alguns não estão nem perto de usar o que têm dentro de si, o que é um grande erro; outros, por sua vez, não entenderam que, mesmo que seus talentos sejam enormes, eles só se completarão com as pessoas que Deus trouxer para perto delas.

Meu ensino parte deste princípio: preciso investir meu talento naquilo em que eu sou capaz para que eu me torne excelente; todavia, no que eu não faço bem, preciso encontrar pessoas que o façam, para, assim, formar uma equipe excelente ao meu lado. Quando você tem uma visão, precisa entender que ela será realizada a partir do momento em que você der tudo de si, mas a questão é que você só consegue fazer isso quando está em sua área de atuação e onde seus pontos fortes estão sendo bem utilizados. Leiamos o seguinte texto:

> "E também será como um homem que, ao sair de viagem, chamou seus servos e confiou-lhes os seus bens. A um deu cinco talentos, a outro dois, e a outro um; a cada um de acordo com a sua capacidade. Em seguida partiu de viagem. O que havia recebido cinco talentos saiu imediatamente, aplicou-os, e ganhou mais cinco. Também o que tinha dois talentos ganhou mais dois. Mas o que tinha recebido um talento saiu, cavou um buraco no chão e escondeu o dinheiro do seu senhor. "Depois de muito tempo o senhor daqueles servos voltou e acertou contas com eles. O que tinha recebido cinco talentos trouxe os outros cinco e disse: 'O senhor me confiou cinco talentos; veja, eu ganhei mais cinco'. "O senhor respondeu: 'Muito bem, servo bom e fiel! Você foi fiel no pouco, eu o porei sobre o muito. Venha e participe da alegria do seu senhor!' "Veio também o que tinha recebido dois talentos e disse: 'O senhor me confiou dois talentos; veja, eu ganhei mais dois'. "O senhor respondeu: 'Muito bem, servo bom e fiel! Você foi fiel no pouco, eu o porei sobre o muito. Venha e participe da alegria do seu senhor!' "Por fim veio o que tinha recebido um talento e disse: 'Eu sabia que o senhor é um homem severo, que colhe onde não plantou e junta onde não semeou. Por isso, tive medo, saí e escondi o seu talento no chão. Veja, aqui está o que lhe pertence'. "O senhor respondeu: 'Servo mau e negligente! Você sabia que eu colho onde não plantei e junto onde não semeei? Então você devia

ter confiado o meu dinheiro aos banqueiros, para que, quando eu voltasse, o recebesse de volta com juros. "Tirem o talento dele e entreguem-no ao que tem dez. Pois a quem tem, mais será dado, e terá em grande quantidade. Mas a quem não tem, até o que tem lhe será tirado" (Mateus 25:14-29).

No versículo 15, o texto está dizendo que cada um recebeu segundo a sua própria capacidade, e é interessante pensar nisso principalmente porque muitos líderes estão perdendo tempo na vida comparando-se com outros líderes.

Escrevi um livro sobre esse assunto chamado *5 passos para evitar a frustração*, no qual comento que o primeiro passo para uma pessoa se frustrar é a comparação. Costumo dizer que não há competição para quem é original, mas é claro que existe uma diferença enorme entre falar essa frase e vivê-la, pois a comparação está presente em nossas vidas desde que éramos crianças.

Quando pequenos, comparávamos nossos pais com os pais dos outros, comparávamos nossa lancheira com a lancheira dos outros e também nossos brinquedos com os dos outros. Na adolescência, comparávamos nosso corpo com o dos garotos que eram mais populares na escola e nossa roupa e o nosso cabelo com os dos outros.

Crescemos, e a comparação nos acompanhou: comparamos a profissão, o salário, a casa, o carro, o físico, a família, os filhos, a influência e muitas outras coisas — esse é um assunto que não tem fim. A questão é que, se você não aprender a fechar a porta para a **comparação**, ela acabará com sua felicidade.

Deus lhe deu talentos únicos e exclusivos, e quando você os aceita e investe neles, todo mundo ganha (você, sua família e aqueles que estão ao seu redor). No entanto, por que muitas pessoas não investem seu tempo no desenvolvimento de seus talentos? Porque o desenvolvimento do talento dá trabalho: "O que havia recebido cinco talentos saiu imediatamente, aplicou-os, e ganhou mais cinco. Também o que tinha dois talentos ganhou mais dois.

Mas o que tinha recebido um talento saiu, cavou um buraco no chão e escondeu o dinheiro do seu senhor" (Mateus 25:16-18).

Aqueles que receberam cinco e dois talentos saíram imediatamente para negociar; investiram seu tempo em seus talentos, porque sabiam que um talento utilizado é multiplicado. Quanto mais você usa um talento, mais ganha habilidade para exercer outras atividades que completam o primeiro talento.

Eu sou prova disso. Não gostava nem de ler, mas hoje você só está lendo este livro porque um dia comecei a desenvolver o hábito da leitura e isso virou uma paixão; logo em seguida, vieram os meus próprios livros. Assim também aconteceu com as músicas que Deus me deu: logo após escrever a primeira, matriculei-me numa escola para aprender alguns instrumentos e, meses depois, chamei algumas pessoas para montar o ministério de louvor h27.

Hoje eles me acompanham por várias igrejas onde vou ministrar; além disso, muitas pessoas estão sendo ministradas por meio dessas canções. Bom, essa é a parte boa desse testemunho; a parte que não é tão fácil de viver é a questão do tempo: quanto tempo investido em aulas, quanto tempo investido para fazer as letras virarem músicas e quanto tempo investido em estúdio para gravá-las — estou falando de várias madrugadas acordado para dar vida a esse projeto. E com relação aos livros? Quantas horas investidas em estudos, quantas horas em frente ao computador colocando para fora o que Deus havia colocado dentro de mim... resumindo, dá trabalho desenvolver um talento. E sabe qual é o maior problema? É quando uma pessoa se apoia em seus talentos e não investe no amadurecimento deles. Tenho visto que, geralmente, pessoas apaixonadas com talentos limitados ultrapassam pessoas passivas, com talento notável — é só pensar em quantas pessoas talentosas foram ultrapassadas por outras disciplinadas e quantas que tinham tudo para dar certo na vida, mas que não investiram no amadurecimento dos talentos que haviam recebido, ficaram para trás.

> Dá trabalho desenvolver um talento. [...] **Tenho visto que, geralmente, pessoas apaixonadas, com talentos limitados ultrapassam pessoas passivas, com talento notável.**

E por que isso acontece? Porque, para muitos, o talento se tornou uma habilidade comum.

Trabalhei muitos anos com desenhos, mas a questão é que nunca soube vendê-los, pois, como para mim era fácil fazê-los, não conseguia colocar valor neles. Um dia, minha esposa pediu para que eu a deixasse vendê-los. Qual foi minha surpresa? Ela vendeu um desenho por um preço dez vezes superior ao que eu normalmente cobraria.

A diferença foi que ela enxergou valor onde eu não conseguia, e aqui entra a ideia sobre aprender a trabalhar em equipe. Meu talento era desenhar, ao passo que o talento da minha esposa era vender; quando unimos as duas coisas, começamos a viver de uma maneira diferente, financeiramente falando.

Com essa história, afirmo a importância de se investir no desenvolvimento do seu talento. Jamais fiz curso para aprender a vender, mas fiz diversos cursos que me permitiram aprimorar os talentos artísticos que possuía; por outro lado, pude ver a Vivi lendo livros e fazendo cursos, os quais forjaram os talentos que ela já possuía.

Desenvolver seu talento dá trabalho, mas é importante pensar que apenas talento não é suficiente. Uma vez li esta frase do dramaturgo francês Édouard Pailleron. "Tenha sucesso e sempre haverá tolos para dizer que você tem talento". Quando as pessoas realizam grandes coisas, os outros, muitas vezes, explicam suas realizações atribuindo os excelentes resultados ao talento, mas essa é uma maneira falsa e equivocada de encarar o sucesso, até porque todos nós conhecemos pessoas altamente talentosas que não obtiveram sucesso na vida. Contudo, não podemos desprezar o talento, pois há tarefas que exigem mais talento do que qualquer outra coisa; além disso, talento é um dom dado por Deus que deve ser celebrado.

O curso da história de todo o mundo foi mudado por mulheres e homens talentosos que maximizaram suas habilidades; todavia, você e eu devemos separar o que se faz do que se é. Um ex-presidente de uma grande empresa compartilhou o seguinte: "O talento normalmente é maior do que a pessoa". O que ele estava dizendo é que muitas vezes o talento é maior que outros atributos pessoais importantes, como caráter e compromisso, e, por esse motivo, muitas vezes elas não conseguem atingir o ponto máximo do seu talento.

Pessoas talentosas sempre estão tentando encontrar pessoas que reconheçam suas habilidades, mas que ignorem suas deficiências, e sabendo disso podemos entender que o que separa a pessoa talentosa da bem-sucedida é muito trabalho duro. Sendo assim, precisamos entender algo: todos nós temos o mesmo valor, mas temos talentos diferentes; portanto, desenvolva, como já mencionado, o talento que você tem, não o que deseja, e pare com toda e qualquer comparação. Mas a pergunta é: como então eu maximizo meus talentos? John Maxwell, no livro "Talento não é tudo", escreve sobre 13 escolhas importantes que podem ser feitas por qualquer pessoa que queira desenvolver seus talentos.

1. **Acreditar estimula seu talento:** o primeiro e maior obstáculo ao sucesso para a maioria das pessoas é acreditar em si mesmas, pois, uma vez que as pessoas descobrem a área em que têm mais talento, o que muitas vezes as atrapalha não é a falta de talento, mas a falta de confiança e a limitação que elas mesmas impõem sobre si.
2. **A paixão fortalece seu talento:** o que leva uma pessoa ao topo e ir um pouco além do esperado, muitas vezes, não é o talento, e sim a paixão. Paixão é mais importante do que um plano, pois ela cria fogo e provê combustível; além do mais, é quase impossível conhecer uma pessoa apaixonada que perdeu a energia.

3. **A iniciativa põe seu talento em ação**: por mais que já saibamos disso, precisamos aplicar algo que até virou um clichê: toda jornada começa com o primeiro passo. Pessoas com talento extra não esperam que tudo esteja perfeito para seguirem em frente; não esperam que todos os problemas e obstáculos desapareçam nem que seus medos cessem. Elas simplesmente vão!
4. **O foco direciona seu talento**: foco não vem naturalmente para a maioria das pessoas, pois gastam boa parte de seu tempo e de sua energia em coisas que, no fundo, não vão fazer diferença; por esse motivo, é importante ressaltar que o foco aumenta sua energia, dá estímulo, amplia sua vida e deve ser intencionalmente mantido.
5. **A preparação posiciona seu talento**: o que acontece quando você não se prepara? Acontecem coisas inesperadas. E por que as pessoas não conseguem se preparar? Porque elas não conseguem ver a importância da preparação antes da ação e, também, não conseguem apreciar o valor da disciplina.
6. **A prática aguça seu talento**: a prática permite o desenvolvimento, leva à descoberta e exige disciplina.
7. **A perseverança sustenta seu talento**: perseverança significa sucesso porque você está "determinado", e não "destinado" a ter sucesso, e reconhece que a vida não é uma corrida longa, mas muitas corridas pequenas em sequência. Perseverança é necessário para que a maioria das recompensas da vida sejam liberadas, além de extrair da adversidade o que é agradável. Isso significa parar não porque você está cansado, mas porque a tarefa está feita, e não exige mais do que temos, mas tudo o que temos.
8. **A coragem testa seu talento**: coragem é uma virtude diária, e você não pode fazer nada que valha a pena sem coragem; nesse sentido, quem demonstra coragem pode viver sem arrependimentos.
9. **Ser receptivo ao ensino expande seu talento**: uma pessoa extremamente talentosa, possivelmente terá dificuldade para

ser receptiva ao ensino, porque ela, muitas vezes, pensa que sabe de tudo. Ser receptivo ao ensino não tem tanto a ver com competência e capacidade mental, mas sim com atitude. É o desejo de ouvir, aprender a aplicar, é a fome por descobrir e crescer e a disposição para aprender, desaprender e reaprender.

10. **O caráter protege seu talento:** muitas pessoas com talento chegam ao auge do sucesso, mas as que não desenvolvem um forte caráter raramente continuam assim por muito tempo. A falta de um forte caráter acaba com o talento, pois as pessoas não podem ir além das limitações de seu caráter.

11. **Os relacionamentos influenciam seu talento:** nada irá influenciar tanto seu talento quanto os relacionamentos importantes em sua vida. Sendo assim, cerque-se de pessoas que lhe agreguem valor e o incentivem, e seu talento seguirá em uma direção positiva.

12. **A responsabilidade fortalece seu talento:** nada cria "músculo" no talento como a responsabilidade, visto que ela eleva o talento a um novo nível e aumenta sua resistência. Com certeza, a responsabilidade é uma das escolhas mais difíceis que uma pessoa talentosa pode ter.

13. **O trabalho em equipe multiplica seu talento:** trabalhar em conjunto com outras pessoas para a realização de um objetivo comum é uma das experiências mais gratificantes da vida.

Para finalizar, todos nós temos 24 horas por dia e podemos investir naquilo que quisermos, mas, quando paro para pensar sobre a responsabilidade que é administrar esse tempo, lembro-me do seguinte texto bíblico: "Alegra-te, jovem, na tua juventude, e recreie-se o teu coração nos dias da tua mocidade; anda pelos caminhos que satisfazem ao teu coração e agradam aos teus olhos; sabe, porém, que de todas estas coisas Deus te pedirá contas" (Eclesiastes 11:9).

Um dia prestaremos conta de cada decisão que tomamos na vida, e meu desejo é que possamos ouvir o que o dono dos talentos disse àqueles que multiplicaram o que haviam recebido: "Você foi fiel no pouco, eu o porei sobre o muito. Venha e participe da alegria do seu senhor!" (Mateus 25:21).

capítulo | **17** |

A VISÃO DETERMINA SUA **Utilidade**

Para falar sobre a letra "U", preciso contar uma história. Em Janeiro de 2016, após assistir a um documentário sobre a Hillsong United, escrevi minha primeira música. Até junho do mesmo ano, já havia escrito 11 músicas. Então chegou a hora de gravarmos as canções, e uma amiga nos indicou um ótimo estúdio em Curitiba.

Fomos até lá, fechamos o contrato e começamos as gravações. Foram dias, ou, melhor, madrugadas cansativas de gravação, mas, no final, ouvimos as canções, que já tinham letras marcantes, ganhando uma forma maravilhosa. Tudo isso pôde acontecer porque o dono do estúdio um dia acreditou em seu dom e em sua visão e investiu em estudos que pudessem ser úteis na gravação de tantas canções que já haviam passado por ele.

Ele possuía o dom da sensibilidade musical, mas poderia ignorá-lo, assim como milhares de pessoas o fazem, e estar trabalhando com qualquer outra coisa. Mas não foi o que ele fez: em vez disso, ao acreditar em sua visão, ele a colocou em prática. Em outras palavras, ele vive do lucro que sua visão e seu dom lhe proporcionam. Entretanto, não é somente ele o beneficiado, mas também todos aqueles que se aproximam do estúdio e veem a qualidade de cada música produzida ali. Ao acreditar nesse dom, não só ele pode desfrutar, mas ele também permitiu que outras pessoas desfrutassem. Novamente, podemos recorrer à parábola dos talentos, vendo como foram distribuídos: "A um deu cinco talentos, a outro dois, e a outro um; a cada um de acordo com a sua capacidade" (Mateus 25:15).

Acredito, verdadeiramente, que Deus não desperdiça talentos e, ao desenhar cada ser humano, em sua multiforme sabedoria, distribuiu talentos para que tanto o indivíduo quanto a humanidade pudessem utilizá-los e ser beneficiados por eles. Então, por que muitos não acreditam em suas visões? Por que não exploram esses talentos? Tenho algumas considerações sobre isso: em primeiro lugar, porque todo talento tem de ser explorado e, em segundo, porque o dom se tornou algo comum para aquela pessoa. Vamos à primeira resposta: a Bíblia conta a história de um grande homem de Deus chamado Paulo, que foi responsável por escrever mais da metade do Novo Testamento. Certa vez, escreveu o seguinte: "Mas Deus me separou desde o ventre materno e me chamou por sua graça" (Gálatas 1:15); texto que ecoa o que diz no Antigo Testamento: "Os teus olhos viram o meu embrião; todos os dias determinados para mim foram escritos no teu livro antes de qualquer deles existir" (Salmo 139:16).

Paulo sabia que Deus o havia escolhido para uma grande obra, mesmo no ventre de sua mãe, porém, não é isso que vemos quando esse apóstolo aparece na Bíblia: "Enquanto apedrejavam Estêvão, este orava: 'Senhor Jesus, recebe o meu espírito'. Então caiu de joelhos e bradou: 'Senhor, não os consideres culpados deste pecado'. E, tendo dito isso, adormeceu" (Atos 7:59-60); e:

> E Saulo estava ali, consentindo na morte de Estêvão. Naquela ocasião desencadeou-se grande perseguição contra a igreja em Jerusalém. Todos, exceto os apóstolos, foram dispersos pelas regiões da Judeia e de Samaria. Alguns homens piedosos sepultaram Estêvão e fizeram por causa dele grande lamentação. Saulo, por sua

vez, devastava a igreja. Indo de casa em casa, arrastava homens e mulheres e os lançava na prisão (Atos 8:1-3).

E ainda:

> Enquanto isso, Saulo ainda respirava ameaças de morte contra os discípulos do Senhor. Dirigindo-se ao sumo sacerdote, pediu-lhe cartas para as sinagogas de Damasco, de maneira que, caso encontrasse ali homens ou mulheres que pertencessem ao Caminho, pudesse levá-los presos para Jerusalém (Atos 9:1-2).

Como pode um homem que tinha sido chamado por Deus desde o início de sua vida conseguir viver de uma maneira tão incoerente? Essa é a questão, pois, em sua mente, Paulo estava fazendo o que era o certo:

> Sou judeu, nascido em Tarso da Cilícia, mas criado nesta cidade. Fui instruído rigorosamente por Gamaliel na lei de nossos antepassados, sendo tão zeloso por Deus quanto qualquer de vocês hoje. Persegui os seguidores deste Caminho até a morte, prendendo tanto homens como mulheres e lançando-os na prisão, como o podem testemunhar o sumo sacerdote e todo o Sinédrio; deles cheguei a obter cartas para seus irmãos em Damasco e fui até lá, a fim de trazer essas pessoas a Jerusalém como prisioneiras, para serem punidas (Atos 22:3-5).

E por quê? Porque, quando olhava para dentro de si, conseguia ver o ódio que tinha por aqueles que serviam a Cristo, e, naquela época, seus sentimentos eram mais fortes do que sua própria essência. Uma das músicas que escrevi chama-se "Essência", e, certa vez, estava pensando sobre um texto do próprio Paulo:

> Não entendo o que faço. Pois não faço o que desejo, mas o que odeio. 16 E, se faço o que não desejo, admito que a Lei é boa. Neste caso, não

sou mais eu quem o faz, mas o pecado que habita em mim. Sei que nada de bom habita em mim, isto é, em minha carne. Porque tenho o desejo de fazer o que é bom, mas não consigo realizá-lo. Pois o que faço não é o bem que desejo, mas o mal que não quero fazer, esse eu continuo fazendo. Ora, se faço o que não quero, já não sou eu quem o faz, mas o pecado que habita em mim (Romanos 7:15-20).

Naquele dia, estava conversando com Deus sobre a força da nossa natureza terrena quando então ouvi o Espírito Santo me falando: "Filho, sua natureza não é nada fácil, mas essa não é sua essência; sua essência é mais forte que sua natureza". Então, escrevi esta letra:

A minha natureza
Não expressa minha essência
A minha natureza
Não expressa minha essência, Senhor

Eterna luta da carne contra o espírito
Os meus pensamentos contra os Teus
Minhas vontades contra a Tua pra mim
Mas abro mão de tudo para te ter comigo, Senhor

Quão maravilhosos são seus planos
Quão profundo são eles pra mim
Meu maior desejo é ver minha essência sendo revelada a Ti

Minha história você escreveu
Meus caminhos você desenhou
Antes mesmo de eu existir
Já sonhava comigo, Senhor

O meu maior desejo é viver Tua vontade em mim
Que a minha essência domine a minha natureza.

A ideia aqui é que não podemos nos acomodar no fato de que nossa carne é fraca, de que nossas dificuldades são enormes e de que nossas limitações não nos permitem avançar, porque nossa essência é mais profunda que nossa natureza, e é justamente essa a questão: precisamos explorar essa essência. Como foi essa experiência na vida de Paulo? Foi da seguinte maneira: "Por volta do meio-dia, eu me aproximava de Damasco, quando de repente uma forte luz vinda do céu brilhou ao meu redor" (Atos 22:6).

A primeira ação de Deus na vida de Paulo foi expor o perseguidor à luz, pois nem todo mundo gosta de luz, porque a luz revela o que está escondido. Já aconteceu com você de sair com uma camiseta branca achando que ela estava limpa e, quando chegou a determinado lugar com mais luz, perceber que havia manchas nela? A camiseta era a mesma, as manchas estavam ali, mas a exposição à luz revelou o que estava escondido.

Quando falamos de luz, estamos falando da verdade, e Jesus disse que ele é o caminho, a verdade e a vida. Quando nos expomos à verdade da Palavra de Deus, muitas coisas são expostas em nossas vidas; nesse sentido, a exposição à luz nos mostra que todos abrigaremos dentro de nós uma destas três personalidades: sábia, tola ou má.

A questão é que, como líderes, além de entendermos que abrigamos uma dessas três personalidades, precisamos nos lembrar de que lidaremos com pessoas que, assim como nós, também abrigam uma delas, e, para isso, precisamos ver quais as diferenças entre as personalidades.

Analisemos a pessoa sábia: quando a luz a atinge, ela se ajusta de tal forma a combinar com a luz — isto é, quando a verdade as atinge, alteram algo para se adequar à realidade. Isso é sabedoria, e a Bíblia corrobora essa ideia: "Instrua o homem sábio, e ele será ainda mais sábio; ensine o homem justo, e ele aumentará o seu saber" (Provérbios 9:9).

Existe uma história para ilustrar bem a pessoa sábia. Havia uma companhia de ração de cachorro cujas vendas estavam ruins.

O dono disse: "Demita a equipe de marketing e vamos mudar a embalagem!" Porém, as vendas continuaram ruins no trimestre seguinte. E seu discurso continuou: "Demita!". E as vendas continuaram ruins. "Demita!". E ele fez isso durante quase um ano.

Por fim, alguém levanta a mãozinha no fundo e diz: "Senhor?", ao que o dono responde: "Sim?" O funcionário prossegue: "Os cachorros não gostam da ração!" Sabe o que uma pessoa sábia faz neste momento? Dá ouvido à verdade e modifica a fórmula da ração; o problema é que alguns são muito teimosos e não mudam nada.

Há outra qualidade da pessoa sábia: quando você a confronta, consegue ver um rosto sorridente; além disso, ela lhe agradece. Aqui, já iniciamos nossa reflexão com alguns questionamentos: como você lida com essas situações? Quando você é exposto à luz, como é sua reação? Mas vamos agora ao outro lado da moeda: o que você faz quando lidera uma pessoa sábia? Quais são as estratégias de liderança? Você deve falar com ela, pois compartilhar os assuntos com alguém que o ouve ajuda; além disso, você deve treiná-la, dar *feedback* e oferecer-lhe recursos.

Vamos agora ao segundo tipo de pessoa revelada a partir do contato com a luz: os tolos. O tolo, basicamente, pode ser o mais esperto da turma, o mais brilhante e o mais talentoso, e muitas vezes realmente é assim; ele até vai longe, mesmo com problemas de caráter, porque, como é tão talentoso, consegue resultados e tem carisma.

O problema é que, com o sábio, quando a luz o atinge, ele se ajusta para estar em conformidade com a verdade, ao passo que o tolo, quando exposto à luz, tenta ajustar a luz (ou seja, tirar o foco de si), porque ela machuca os olhos. Eles são alérgicos a ela e fazem de tudo para diminuí-la, tentando ajustar a verdade.

Resumindo, o sábio se ajusta, mas o tolo tenta ajustar a verdade. Para minimizar a verdade, dão muitas desculpas como: "Não é um problema tão grande! Não é bem assim! Não, você está superestimando!", entre outras coisas. Além disso, também podem atirar no mensageiro e dizer: "Bem, se você me desse mais responsabilidade... Se você me desse mais oportunidade. Se você... Se você... Se você..."

Quando ouvir alguém recebendo um *feedback* e o primeiro movimento for com relação ao exterior, veja isso como um sinal de alerta, porque estão míopes nesse momento. E o que eles estão fazendo? Vou lhe passar uma lista de ações:

- negam que isto é verdade;
- minimizam e atiram no mensageiro;
- não ficam felizes em ouvir *feedbacks*;
- ficam com raiva e procuram alguém que concorde com elas.

E então o problema passa a ser você. É dessa forma que, muitas vezes, as divisões começam, que empresas (e equipes) se dividem e que igrejas se dividem, porque, toda vez que você conversa com pessoas assim, o problema não é delas; elas agem assim e não conseguem se responsabilizar pelo problema mesmo que a verdade esteja diante delas.

Sendo assim, pare por um momento e reflita a respeito dessas informações, pois a parte mais fácil é identificar um tolo dentro das pessoas que apresentam essas características. É necessário fazer uma autoanálise. Por exemplo, pense quantas vezes você agiu assim? Quantas vezes você não assumiu a responsabilidade, achando sempre um culpado pelas consequências das suas ações? Isso é um perigo, pois, se Deus lhe deu um talento, ele precisa ser explorado, e não será com desculpas que você irá fazê-lo.

Voltemos ao caso de estarmos liderando uma pessoa tola. Um líder gentil e responsável tem esperança de que um tolo começará a ouvir algum dia. E a coisa funciona mais ou menos assim: enquanto que com o sábio você conversa sobre o problema "A" e ele vai embora, e em outra situação fala sobre o problema "B" e ele vai embora, com o tolo é uma insistência no problema A; e é aqui que entra a definição de insanidade: "continuar a fazer a mesma coisa, esperando resultados diferentes".

Bom, a Bíblia mostra o que as pesquisas já validaram, isto é, com o sábio você conversa, porque conversar ajuda: "Repreenda o sábio, e ele o amará" (Provérbios 9:8b). Em outras palavras, confronte, repreenda, corrija uma pessoa sábia e ela a amará por isso, agradecerá e melhorará, mas, com o tolo, a Bíblia muda de tom (ou de conselho) e diz: "Não repreenda o zombador, caso contrário ele o odiará" (Provérbios 9:8a). A ideia é: não confronte um escarnecedor, pois ele o odiará.

Mas, então, qual é a estratégia com uma pessoa tola? Simplesmente pare de falar, pois a visão deles está congelada, o plano deles está congelado, e você não está mais no controle da situação, e sim a realidade deles.

Seu trabalho como líder é retomar o controle e acabar com a insanidade; para fazer isso, paramos de falar e começamos um tipo diferente de conversa; é nesse momento que você chama para uma reunião e diz: "Estou cansado de falar sobre os mesmos problemas. Quero falar sobre um novo. Quero falar sobre o seguinte problema, pois nossas conversas até agora não têm resolvido".

Você precisa dizer a ele: "Tenho que proteger nossa visão e a cultura dessa equipe, por isso vamos parar de falar sobre todos os problemas e focar na dificuldade que tem sido conversar com você!

Vamos fazer algo diferente. Vou estabelecer alguns limites, desejo saber como podemos conversar de um modo que faça diferença, ou seja, de um modo que você compreenda e siga meu direcionamento. Você pode me dizer como fazer isso? Realmente quero fazer desse jeito!".

É nesse momento que você pega leve e é amável, porque pode ser que eles sejam tolos por vergonha ou por medo. Se conseguir chegar ao ponto de perguntar: "Por que é difícil para você? O que você sente quando o corrijo? Alguns serão honestos e dirão: "Eu me sinto muito mal". "Mas como vamos proceder se, mesmo fazendo isso, não der certo?" "Se tivermos essa conversa novamente, se eu fizer o que está pedindo e nada mudar, o que faremos então?" E aí você tem de ser bem específico sobre quais serão as consequências!

Agora, talvez eles digam: "Pode me falar o que estou fazendo de errado?" E aí você tem um ouvinte. Se não, tem de haver consequências, que pode ser uma mudança de posição ou uma oportunidade de serem bem-sucedidos em outro lugar.

Existem consequências extremas e consequências menores, mas este é o princípio: tolos não mudam quando a verdade os atinge, mas quando podem, livram-se dela; eles mudam quando a verdade os atinge e precisam se mexer, e também quando sentem que a dor de não mudar se torna maior do que a de mudar.

É importante lembrar que todos nós somos tolos em algum grau, mas, quando você está em posição de liderança, tem de pensar que, se os liderar corretamente em vez de simplesmente pensar que ouvem, e se também os liderar com consequências e estrutura, então eles podem mudar e, assim, você pode redimir uma carreira, uma posição e um talento.

Mas, convenhamos, isso requer coragem, e algumas vezes essas serão as decisões mais difíceis. Com o tolo, o desafio da liderança é limitar a sua exposição. Isso significa que você tem de deixar claro as consequências e lhe dar uma escolha, e então seguir por esse caminho.

Agora, vamos falar sobre os maus: se você enxergar um sujeito mau dentro de você, é hora de parar e reavaliar, pois com certeza sua visão jamais sairá do papel — mas creio que esse não seja seu caso, pois uma pessoa má não chegaria a este capítulo de um livro como esse.

O detalhe é que encontraremos pessoas assim pela frente, talentosas, mas que, quando são expostas à luz, revelam um monstro interior. Quando lideramos com pessoas más, a estratégia deve ser procurar outras pessoas, porque essas têm destruição nos corações e querem causar dor. Mas você precisa acreditar.

Mesmo que você seja uma pessoa otimista e amável, existem pessoas realmente más no mundo, e algumas vezes, quando tenta lhes dizer a verdade, você percebe que alguns se levantam e dizem: "Vou acabar com este lugar!" — a destruição está em seus corações.

Algumas vezes você não pode conversar, porque são pessoas realmente más, e você não pode mudá-las dando-lhes *feedback*; então, nesse caso, temos uma estratégia diferente: use as leis para se proteger e, se necessário, acione as autoridades.

Quando o Apóstolo Paulo teve um contato com a luz, com a verdade, sua essência foi revelada: "Os que estavam comigo me levaram pela mão até Damasco, porque o resplendor da luz me deixara cego" (Atos 22:11).

Como ele conseguiu explorar essa essência em si? O que ocorreu foi que Paulo, ao ficar cego, deixou de olhar para fora e começou a olhar para dentro; sei que no caso dele, a cegueira era física, mas podemos usar esse princípio em nossas vidas, pois, quando temos um encontro com a verdade, precisamos parar de olhar para as situações e circunstâncias e focar mais em nosso interior. Ao retirar todo ódio que havia em seu interior, Paulo conseguiu enxergar sua verdadeira essência, que era maior que sua natureza.

Sendo assim, vamos agora entender por que muitos não acreditam em suas visões e não exploram seus talentos. Em primeiro lugar, porque, quando exploramos nosso talento, temos um encontro com quem realmente somos, e nem sempre é fácil encarar a realidade de que precisamos mudar completamente de dentro para fora.

Em segundo lugar, porque o dom se tornou comum para a pessoa e, muitas vezes, ela não consegue perceber que seu talento é uma dádiva ao mundo. Por que isso acontece? Porque, para uma pessoa talentosa, seu talento se torna muito fácil — por exemplo, para mim, sempre foi fácil desenhar e ver um muro inteiro pintado e terminado mesmo antes de ter começado; em outras palavras, sempre foi fácil ver o mundo na perspectiva de um artista e, justamente por ser fácil, não valorizava isso e acabava vendendo os desenhos por um preço irrisório.

Para finalizar, quero dizer que, quando não valorizamos o que há dentro de nós, jamais tocaremos uma geração com esse dom. Tente imaginar: se um grande cantor desanimasse e não cantasse mais. O que seria das pessoas que se alegram ao ouvir suas canções? E se um grande atleta tivesse desistido de viver de seu talento quando ninguém o valorizava? Quantas alegrias esse atleta deixaria de dar à sua nação?

A ideia desse capítulo é mostrar que sua visão é útil para você e para outras pessoas — no caso do cantor e do atleta, ambos vivem do fruto de seu talento, mas esse fruto só existe porque há pessoas que consomem o que ele está produzindo. Resumindo: quando uma pessoa perde sua visão e deixa de explorar seus talentos, não é apenas ela que perde, mas também aqueles que estão ao seu redor.

capítulo | **18** |

A VISÃO DETERMINA SUA **Vida útil**

Vamos iniciar este capítulo pensando no seguinte: "O fim das coisas é melhor que o seu início" (Eclesiastes 7:8). Não é de hoje que comento sobre esse tema, pois, além de acreditar, tenho vivido esse versículo.

Em 2004, quando me mudei para Curitiba para abrir a Igreja Bola de Neve, muitas pessoas riram do projeto; além disso, a primeira pessoa que convidei para visitar o início dessa obra me disse que em Curitiba não caberia uma igreja como essa. Foram muitas piadas em relação a isso. Foram muitas as palavras de desânimo em vez de motivação, contudo, minha resposta sempre foi: "Não me vejam agora! Vejam-me daqui dez anos". E hoje, como é bom poder olhar para trás e ver que realmente Deus cumpriu tudo o que havia prometido. O que isso me diz? Que toda visão que vem de Deus terá duração.

Escrevi um livro chamado *Quando os nãos se tornam bênçãos*, no qual abordo um pouco desse tema, pois acredito que o papel de Deus é abrir a porta para nós, e o nosso, além de entrar por essa porta, é mantê-la aberta. Por exemplo: hoje em dia, casar é fácil; basta ter um noivo ou uma noiva, marcar o casamento, ir a um cartório e você sairá de lá casado; a dificuldade está em manter-se casado. No âmbito profissional, não é muito difícil ter um bom emprego; basta que você seja um ótimo profissional, e logo as portas se abrirão; o desafio está em manter-se empregado.

Quando levamos isso para o âmbito da vida espiritual, podemos dizer que se converter é fácil: a Bíblia diz que se confessarmos com nossa boca o que está em nosso coração, seremos salvos; já permanecer na presença de Deus é um assunto bem mais complicado.

Por isso, acredito que, quando um projeto e uma visão vêm de Deus, terão uma **vida útil** longa.

> Quando um projeto e uma visão vêm de Deus, terão vida útil longa.

O tempo sempre mostrará se uma visão é ou não é verdadeiramente de Deus, por isso quero abordar esse assunto neste capítulo. Muitas vezes, uma pessoa até tem um sonho e uma visão, mas essa visão não é sustentada durante sua caminhada. Quando isso acontece, a visão certamente não se concretizará. Para que ela se realize, a postura deve ser diferente. Tomemos como exemplo José, cuja visão logo no início já gerou adversidades: Certa vez, José teve um sonho e, quando o contou a seus irmãos, eles passaram a odiá-lo ainda mais" (Gênesis 37:5).

Pense em quantas situações difíceis José teve que passar para que pudesse viver essa visão, desde traições da família até a injustiça da mulher de Potifar. Mas um dia, quando José ainda estava na prisão, recebe a visita dos enviados de Faraó pedindo seu comparecimento no palácio. José foi dormir na prisão e, no outro dia, viu seu sonho se tornando realidade.

Muitos poderiam dizer que o processo na vida de José estava mostrando que aquela visão era uma "furada", mas ele sabia que as dificuldades não poderiam ser mais fortes do que a visão que ele havia recebido. Acredito realmente que, quanto maior for a visão que você tiver, maiores serão os desafios a serem superados durante o processo. O problema acontece quando uma pessoa não compreende isso e acaba transformando a visão, o sonho, em um pesadelo. E o que fazer quando isso acontece? E quando essa pessoa não sabe esperar e acaba agindo antes da hora? Há uma história interessante na Bíblia que fala sobre esse assunto:

> Então o SENHOR disse a Abrão: "Saia da sua terra, do meio dos seus parentes e da casa de seu pai, e vá para a terra que eu lhe mostrarei. "Farei de você um grande povo, e o abençoarei. Tornarei famoso o seu nome, e você será uma bênção. Abençoarei os que o abençoarem e amaldiçoarei os que o amaldiçoarem; e por meio de você todos os povos da terra serão abençoados" (Gênesis 12:1-3).

Abrão tinha uma promessa e uma visão e havia recebido uma palavra de Deus dizendo que dele se tornaria uma grande nação. Havia inúmeras complicações com relação a essa promessa, pois a esposa de Abrão era estéril e ele já era avançado em idade.

É interessante pensar nisso, pois toda visão que venha de Deus certamente mexerá com sua fé, e você terá de aprender a acreditar nele, em você e no sonho. Sempre que tiver uma visão, você ouvirá duas vozes, uma dizendo: "Você é capaz! Você vai conseguir! Será difícil, mas não impossível!"; e outra dizendo: "Isso é uma viagem! Você não é capaz! Isso é coisa de quem não tem o que fazer!".

O problema é que tem muita gente ouvindo a segunda voz, muita gente com uma grande visão e, quando compartilham com as pessoas, acabam abrindo o coração e acreditando em tudo que outros dizem.

Você precisa compreender algo: nem todo mundo quer o seu bem e nem todo mundo quer sonhar seus sonhos.

Abrão, ao ouvir a voz de Deus, obedeceu a essa voz. Você não o vê comentando com todo mundo sobre a voz que ouviu, tampouco fazendo provas com Deus para ver se ele era capaz de fazer o que Deus havia mandado fazer. Como já dito, Deus não desperdiça visões, sonhos e talentos, portanto, se ele lhe deu um, certamente é porque viu que você é capaz de realizá-lo.

Você sabe qual a diferença entre pessoas realizadoras e pessoas normais? Embora todas tenham recebido sonhos em seu interior, as realizadoras não apenas recebem a visão, como acreditam e agem de acordo com ela. Se Deus sonhou que você plantaria um bosque, ele não lhe dará algumas árvores, e sim algumas sementes. A pergunta que fica é: o que você está fazendo com essas sementes? O que você está fazendo com aquilo que está dentro de você?

Já comentamos neste livro sobre a frase de Myles Munroe: "A maior tragédia do ser humano é morrer sem explorar todo o potencial que há dentro dele". Explorar o potencial que Deus deu a você dá trabalho, por isso é mais fácil dar desculpas e ouvir as vozes de que você realmente não é capaz. Abrão acreditou, pois tinha uma promessa: Sê tu uma bênção! Abençoarei os que te abençoarem e amaldiçoarei os que te amaldiçoarem; em ti serão benditas todas as famílias da terra. Deus estava falando de gerações que viriam por intermédio dele, mas o problema é que Abrão não tinha filhos e nem idade para tê-los; contudo, ele tinha tudo de que precisava: uma **visão**, um **sonho** e uma **promessa**.

> Abrão tinha uma promessa de uma descendência bendita, mas ele não tinha filhos e nem mais idade para tê-los; mas ele tinha tudo de que precisava: uma visão, um sonho e uma promessa.

Você não precisa de dinheiro para cumprir seus sonhos nem de reconhecimento humano, mas sim buscar a visão de Deus para sua vida. Uma vez que Deus deu a Abrão uma visão, ele só precisava esperar o cumprimento dela, pois, quando uma visão vem de Deus, ela se cumprirá. Tudo o que não podemos fazer é tentar "ajudar"

Deus — ou seja, não precisamos fazer e agir na nossa força. Mas não foi bem isso que vemos na história:

> Ora, Sarai, mulher de Abrão, não lhe dera nenhum filho. Como tinha uma serva egípcia, chamada Hagar, disse a Abrão: "Já que o SENHOR me impediu de ter filhos, possua a minha serva; talvez eu possa formar família por meio dela". Abrão atendeu à proposta de Sarai. Quando isso aconteceu, já fazia dez anos que Abrão, seu marido, vivia em Canaã. Foi nessa ocasião que Sarai, sua mulher, lhe entregou sua serva egípcia Hagar. Ele possuiu Hagar, e ela engravidou. Quando se viu grávida, começou a olhar com desprezo para a sua senhora (Gênesis 16:1-4).

Queridos, Abrão poderia ter dito: "Querida, eu tenho uma promessa e essa promessa diz respeito a nós dois. Nós dois teremos um filho e não vou ficar com outra mulher. Não vou apressar os sonhos de Deus e nem pegar um atalho em minha vida". Mas não foi isso que ele fez; pelo contrário, ele simplesmente quis dar uma ajuda a Deus. Tenho aprendido que Deus não precisa da nossa ajuda! Se ele prometeu, é fiel para cumprir, pois: "Deus não é homem para que minta, nem filho de homem para que se arrependa. Acaso ele fala, e deixa de agir? Acaso promete, e deixa de cumprir?" (Números 23:19)

Por tentar ajudar a Deus, veja o que aconteceu na vida de Abrão: "Hagar teve um filho de Abrão, e este lhe deu o nome de Ismael. Abrão estava com oitenta e seis anos de idade quando Hagar lhe deu Ismael" (Gênesis 16:15-16).

Até o momento, tudo estava bem, porque o neném havia nascido; no entanto, essa não era a promessa de Deus. É como aquelas pessoas que querem um lar, mas, ao tentar ajudar a Deus, contentam-se em ficar com o namorado e simplesmente ir morar com ele, mesmo não sendo o lar que Deus sonhou em dar; ou como aqueles que desejam um negócio, mas não são fiéis nem a Deus nem ao governo, mesmo Deus sonhando coisas maiores; ou, ainda, aqueles que querem um ministério, mas se contentam em aparecer diante da igreja, mesmo que esse não seja o lugar nem a posição que Deus havia sonhado para ele.

Em outras palavras, são pessoas contentando-se com migalhas quando Deus tem sonhos maiores para elas. Você pode até começar a viver coisas que sempre sonhou, mas a diferença entre os seus sonhos e os sonhos de Deus é a **vida útil** e a duração.

> Você pode até começar a viver coisas que sempre sonhou, mas a diferença entre os seus sonhos e os sonhos de Deus é a **vida útil** e a duração.

Um casamento fora de planejamento dura pouco — e, quando dura, é um inferno; um ministério fora daquilo que Deus sonhou dura pouco e, assim como vem, ele vai. Por outro lado, toda visão que vem de Deus para sua vida tem longa duração: "O fim das coisas é melhor que o seu início" (Eclesiastes 7:8).

Deus não quer apenas que você comece bem, mas que você termine bem o que começou. Lembre-se: toda visão que vem de Deus será bem difícil no início e será trabalhoso acreditar e investir nela; muitas vezes, você caminhará sozinho, mas um dia terá sucesso e, nesse dia, perceberá que os frutos serão permanentes. Um dia, isso aconteceu na vida de Abraão: "O Senhor foi bondoso com Sara, como lhe dissera, e fez por ela o que prometera. Sara engravidou e deu um filho a Abraão em sua velhice, na época fixada por Deus em sua promessa. Abraão deu o nome de Isaque ao filho que Sara lhe dera" (Gênesis 21:1-3).

O Senhor cumpriu o que havia dito a Abraão? Sim! Mas quando? No tempo determinado, ou seja, na velhice de Abraão. Aqui, há outra lição: o tempo de Deus sempre será o melhor, pois Deus não vê como nós. Muitas vezes, pensamos que estamos preparados para receber as promessas de Deus e cumprir sua visão, entretanto, só ele sabe que ainda não é o tempo.

Alguns dizem: "Mas, Deus, se não for agora, vamos perder!". Como ele sabe de tudo, então, não se desespere. Outros continuam dizendo: "Mas, Deus, se não casar agora, já era! Mas, Deus, se não fizer agora, não terá como! Mas, Deus, se eu não me mudar agora, não terei outra chance! Mas, Deus, se eu não comprar isso agora, nunca mais verei essa promoção! Mas, Deus...!". Quantos "mas" Abraão proferiu e de nada adiantou.

No tempo certo, Isaque veio e, acredite, as promessas de Deus sempre virão. Com isso, aprendemos algo muito interessante para quem soube esperar: não haverá empecilhos para desfrutar das promessas dele. Glória a Deus!

Agora, para quem foi precipitado, a promessa chegará também, mas você terá de lidar com o fruto da sua **precipitação**. No caso de Abraão, ele teve de tomar uma atitude difícil:

> O menino cresceu e foi desmamado. No dia em que Isaque foi desmamado, Abraão deu uma grande festa. Sara, porém, viu que o filho que Hagar, a egípcia, dera a Abraão estava rindo de Isaque, e disse a Abraão: "Livre-se daquela escrava e do seu filho, porque ele jamais será herdeiro com o meu filho Isaque". Isso perturbou demais Abraão, pois envolvia um filho seu. Mas Deus lhe disse: "Não se perturbe por causa do menino e da escrava. Atenda a tudo o que Sara lhe pedir, porque será por meio de Isaque que a sua descendência há de ser considerada. Mas também do filho da escrava farei um povo; pois ele é seu descendente". Na manhã seguinte, Abraão pegou alguns pães e uma vasilha de couro cheia d'água, entregou-os a Hagar e, tendo-os colocado nos ombros dela, despediu-a com o menino. Ela se pôs a caminho e ficou vagando pelo deserto de Berseba (Gênesis 21:8-14).

O que aconteceu? Você acha que Abraão não chorou ao despedir seu filho? Você acha que todos os dias ele não ficava pensando no que havia feito? Porque, agora, não era só ele, mas também a mãe do menino e uma criança.

Vejo aqui que os erros da precipitação de Abraão ecoam até hoje, é a eterna briga entre Judeus e Árabes, e isso simplesmente porque Abraão quis ajudar a Deus. Entenda algo: a visão de Deus e os sonhos dele para sua vida não podem habitar juntos com os seus, e um dia você terá que escolher e abrir mão de um para viver o outro, pois os dois não poderão habitar no mesmo lugar.

Feliz aquele que optar por realizar os sonhos e planos de Deus para sua vida e que for paciente e não quiser ajudar Deus, e também aquele que, de repente, agiu sem paciência, mas agora tem coragem de mandar embora as coisas antigas, tais como os sentimentos e as pendências do passado.

Deus não quer que você transforme seus sonhos em pesadelos, e a única forma de isso não acontecer é sabendo esperar o tempo de Deus — em outras palavras, não coloque o carro na frente dos bois. Nessa fase, você precisará praticar o domínio próprio, pois a carne vai gritar dizendo que é o tempo, mas seu espírito dirá: "Você sabe que ainda não é, então, simplesmente aguarde", pois "Melhor é o homem paciente do que o guerreiro, mais vale controlar o seu espírito do que conquistar uma cidade" (Provérbios 16:32).

Sabe por que tudo isso? Por que um dia a visão e os sonhos de Deus serão testados em sua vida, e nesse momento é importante que você entenda que nada (nem seus sonhos) poderá ser maior que seu amor a Deus. Abraão foi provado e demonstrou que realmente amara Deus de todo o seu coração: "Passado algum tempo, Deus pôs Abraão à prova, dizendo-lhe: 'Abraão!' Ele respondeu: 'Eis-me aqui'. Então disse Deus: 'Tome seu filho, seu único filho, Isaque, a quem você ama, e vá para a região de Moriá. Sacrifique-o ali como holocausto num dos montes que lhe indicarei'" (Gênesis 22:1-2).

Abraão poderia ter pensado: "Puxa, não tinha nenhum filho; agora tive dois, mas um foi embora e o outro Deus me pediu. O que é isso? Um complô celestial contra mim?". Mas, com isso,

Deus estava ensinando algo para Abraão; era como se ele estivesse dizendo: "Abraão, o primeiro filho foi embora porque você foi precipitado, então, não me culpe por isso".

Saiba que Deus lhe perdoará pelos pecados cometidos, mas não o culpe pelas consequências. Deus perdoa um ladrão? Claro que sim, mas este terá de pagar diante da sociedade: na prisão, ele será alguém livre de espírito, mas dentro de quatro paredes.

Também existem coisas que perdemos por pura falta de sabedoria: perdi uma casa, muitos anos atrás por causa de dívidas e fiquei 12 anos pagando aluguel como consequência daquilo. Nesse caso, não tinha como culpar Deus, pois a mancada havia sido minha. O primeiro filho de Abraão foi consequência do erro dele, ao passo que o segundo foi um teste. Mas por que Deus age assim? Para que os sonhos e a visão que ele colocou em sua vida não tomem o lugar do Senhor em seu coração. Abraão não pensou duas vezes para obedecer, e Deus o recompensou:

> "Não toque no rapaz", disse o Anjo. "Não lhe faça nada. Agora sei que você teme a Deus, porque não me negou seu filho, o seu único filho." Abraão ergueu os olhos e viu um carneiro preso pelos chifres num arbusto. Foi lá pegá-lo, e o sacrificou como holocausto em lugar de seu filho. 14 Abraão deu àquele lugar o nome de "O Senhor Proverá". Por isso até hoje se diz: "No monte do Senhor se proverá". Pela segunda vez o Anjo do Senhor chamou do céu a Abraão e disse: "Juro por mim mesmo", declara o Senhor, "que por ter feito o que fez, não me negando seu filho, o seu único filho, esteja certo de que o abençoarei e farei seus descendentes tão numerosos como as estrelas do céu e como a areia das praias do mar. Sua descendência conquistará as cidades dos que lhe forem inimigos e, por meio dela, todos os povos da terra serão abençoados, porque você me obedeceu" (Gênesis 22:12-19).

Sabe o que vemos? Quando você se deixa "engravidar" pela visão e pelos sonhos de Deus, você viverá como nunca pensou e sonhou: "Então voltou Abraão a seus servos, e juntos partiram para Berseba, onde *passou a viver*" (Gênesis 22:19).

"A expressão "passou a viver" nos fala de sossego e segurança e, também, de se sentir completo em um lugar. Quando Deus o desenhou, uma visão e um sonho foram desenhados também, e isso tem tudo para ser uma bênção na sua vida, portanto, aprenda a ser paciente e não agir antes da hora, entendendo que os planos de Deus terão longa duração se tiverem tempo de amadurecer. Sendo assim, não transforme os sonhos de Deus para sua vida em pesadelos; em vez disso, deixe que os sonhos sejam bons.

capítulo | **19** |

A VISÃO DETERMINA SUA
Vida E SEUS Valores

A letra "W" é a décima terceira letra do alfabeto latino e também pode ser chamada de "duplo v", em espanhol, "doble v". Quero, então, aproveitar esse nome em espanhol e trazer uma lição com base na junção de duas letras "V". Quando temos uma visão, ela determinará nosso estilo de vida e o valor que aplicamos a ela. Na realidade, as duas coisas andam juntas, pois não posso viver de maneira incoerente com minhas crenças.

Quando temos uma visão, esta determinará como levarei minha vida.

Quando escrevi a música *Meu desejo* para a "h27 band", coloquei um pouco dessa ideia. O refrão dessa canção diz:

> *Meu desejo é envelhecer ao seu lado, ver esse fogo ardendo em mim.*
> *Meu desejo é ver seu sorriso a cada manhã e ouvir naquele dia:*
> *"Bem-vindo, filho amado"*

No momento em que escrevi essa música, em minha mente estava a seguinte situação: quando era pequeno, vi a maneira como Deus conduziu minha vida mesmo quando nem o percebia. Na adolescência, veio o encontro com Deus e, a partir de então, minha vida nunca mais foi a mesma. Na fase adulta, já o conhecendo, tive diversas decisões a tomar e o vi me guiando em cada uma delas, isso incluiu mudança de estado, de cidade e até a escolha da pessoa com quem passaria o resto da minha vida.

Quando olho para meu futuro, penso em chegar a uma idade em que estarei sentado em uma cadeira de balanço, com o cobertor em minhas pernas e a Bíblia aberta, dizendo para Deus: "Senhor, quando tinha 16 anos eu te amei; com 26 foi da mesma maneira; com 46 meu amor não mudou; e agora, com 86, continuo te amando...". Mas eu sei que, para isso acontecer comigo, terei de levar uma vida coerente com essa visão, e essa vida inclui a prática de valores essenciais, tais como:

Identidade

No livro *5 Passos para evitar a frustração*", o primeiro sobre o qual escrevo é: jamais se comparar (já mencionamos isso em capítulos anteriores), pois acredito que nossa maior arma para ter uma vida que cumpre uma visão é ter uma identidade bem firmada em Deus. A questão é que a **identidade** precisa andar de mãos dadas com o equilíbrio, ou seja, ao mesmo tempo que preciso me valorizar e acreditar em minha originalidade, também preciso me abrir para o crescimento e para o amadurecimento.

> A **identidade** precisa andar de mãos dadas com o equilíbrio, ou seja, ao mesmo tempo que preciso me valorizar e acreditar em minha originalidade, também preciso me abrir para o crescimento e para o amadurecimento.

Haverá pessoas colocadas por Deus ao nosso lado que serão exemplos em diversas áreas. Particularmente, quando encontro alguém que pode me ajudar a amadurecer em determinada área, não tenho problema em me abrir para esse ensino. Outra questão é que não tenho problemas em me espelhar em outras pessoas, por isso falei sobre equilíbrio, pois uma coisa é se espelhar e outra bem diferente é se comparar. A diferença é sutil, contudo, precisa ser bem compreendida, senão a pessoa jamais amadurecerá nas áreas necessárias.

Conheço muitos homens e mulheres de Deus, que me ensinaram em diversas áreas. Lembro-me de um casal que morava em Ponta Grossa, no Paraná, em quem a Vivi e eu nos espelhávamos quando o assunto era vida a dois. A vida desse casal nos ajudou demais a saber aonde queríamos chegar em nossa vida conjugal, contudo, jamais os invejamos nem quisemos ser eles.

A identidade anda de mãos de dadas com o equilíbrio e com a humildade; embora haja situações em que iremos nos espelhar em pessoas, jamais chegaremos a ser igual elas, porque elas se dedicaram a estudos por muitos anos. Mas é justamente aqui que entra a humildade, porque posso, sim, me espelhar, mas não posso me frustrar se não tiver a vida que essa pessoa tem — é a isso que eu me refiro quando falo de aprender (e saber) que Deus quer que eu seja o melhor dentro da minha própria identidade, por isso acredito que a identidade é um valor em nossas vidas.

Honestidade

A palavra honestidade tem origem no latim *honos*, que significa honra e dignidade. Quero entrar nessa palavra então, "honra", que é algo muito sério, pois ela traz consigo grandes recompensas que Deus quer que recebamos. Em *A recompensa da honra*, de John Bevere, o autor explica o que significa honra: segundo ele, a palavra grega para honra é *Time*, e uma definição simplista e literal dessa palavra é **valorização**.

Quando você fala a palavra *Time* a um grego, ele pensa em algo valioso, precioso, de peso, tal como ouro.

> A palavra grega para honra é *Time*, e uma definição simplista e literal dessa palavra é **valorização**.

Outras definições para a palavra "honra" são apreciação, estima, olhar favorável e respeito. O antônimo de honra é desonra (*Atimia* no grego), cujas definições são não demonstrar respeito ou valor, tratar como algo comum, ordinário ou servil. Aqui, vale ressaltar que a honra tem origem no coração: "O Senhor diz: 'Esse povo se aproxima de mim com a boca e me honra com os lábios, mas o seu coração está longe de mim. A adoração que me prestam é feita só de regras ensinadas por homens'" (Isaías 29:13).

Observe que o versículo diz: a adoração que me prestam é feita só de regras ensinadas por homens". Essa não é a verdadeira honra, mas sim o fluir de um coração que teme a Deus; além disso, algo bem interessante com relação à honra é que ela não tem muito a ver com quem está à frente, mas sim com quem recebe. Bevere conta uma história bem interessante sobre isso.

T.L. e Daisy Osborn foram um dos casais mais usados por Deus em curas divinas. Uma vez na África, trouxeram até a Sra. Osborn uma criança morta envolvida em um lençol. Ela orou e a criança ressuscitou. O detalhe é que a mãe da criança não teve nenhuma reação até tirá-la do lençol, mas, quando ela tirou a criança, começou a chorar desesperadamente. A Sra. Osborn perguntou para a intérprete o que estava acontecendo? Por que a mãe só esboçou sentimento após tirar a criança do lençol? A mãe disse que a criança não estava só morta, mas ela não tinha olhos; todavia, quando a mãe abriu o lençol, ela viu que Deus não só havia ressuscitado a criança, mas havia dado olhos novos e lindos a ela.

Aqui vale uma ressalva: esse mesmo casal, quando ministrava em sua própria igreja, nos Estados Unidos, via apenas algumas dores de cabeça e dores de barriga serem realizadas. Mas, então, o que acontecia, já que era o mesmo casal e também a mesma fonte?

A diferença é que na África os membros da igreja iam ao culto como se fosse o último culto de suas vidas.

Em sua própria igreja, eles tratavam o casal como algo rotineiro, pois para eles seria apenas mais um culto — em outras palavras, a forma como o povo recebia o casal determinava o nível de manifestação de Deus no lugar.

John Bevere contou outra experiência: ele disse que certa vez estava tendo maus pensamentos sobre seu pastor, o qual, em sua opinião, não estava tendo tanta revelação. O culto era chato e tudo estava errado ali, contudo, um dia o Espírito Santo ministrou ao coração dele que, arrependendo-se, voltou à igreja no domingo seguinte. Qual foi o resultado? Era a mesma igreja, as mesmas pessoas ao redor, o mesmo pastor e o mesmo tipo de mensagem, mas ele chorou do início ao fim da mensagem.

Ele entendeu a razão que estava o impedindo de receber da unção que estava sobre seu pastor: era o nível da sua honra! Portanto, lembre-se do seguinte: quando você tem uma visão, ela determinará as pessoas que serão honradas pela sua honestidade.

Respeito

Acredito que o respeito é um valor que precisamos carregar na vida. Como já comentei, escrevi um livro chamado *Quando os nãos se tornam bênçãos*, no qual comento sobre o fato de que o papel de Deus é abrir as portas para o ser humano e o nosso papel é mantê-las abertas. Existem muitas pessoas que até têm uma visão, mas a falta de respeito tem ajudado a fechar as portas que Deus abriu em suas vidas.

Quando olho para a vida dos amigos de Daniel, consigo ver o respeito como valor em suas vidas. Houve um decreto feito por Nabucodonosor, o qual dizia que todos na Babilônia deveriam se prostrar diante da imagem que ele havia feito. Então, alguns homens caldeus acusaram os amigos de Daniel de não obedecerem às ordens do rei, que os mandou chamar.

> Nabucodonosor lhes disse: "É verdade, Sadraque, Mesaque e Abede-Nego, que vocês não prestam culto aos meus deuses nem adoram a imagem de ouro que mandei erguer? Pois agora, quando vocês ouvirem o som da trombeta, do pífaro, da cítara, da harpa, do saltério, da flauta dupla e de toda espécie de música, se vocês se dispuserem a prostrar-se em terra e a adorar a imagem que eu fiz, será melhor para vocês. Mas, se não a adorarem, serão imediatamente atirados numa fornalha em chamas. E que deus poderá livrá-los das minhas mãos?" Sadraque, Mesaque e Abede-Nego responderam ao rei: "Ó Nabucodonosor, não precisamos defender-nos diante de ti. Se formos atirados na fornalha em chamas, o Deus a quem prestamos culto pode livrar-nos, e ele nos livrará das tuas mãos, ó rei. Mas, se ele não nos livrar, saiba, ó rei, que não prestaremos culto aos teus deuses nem adoraremos a imagem de ouro que mandaste erguer" (Daniel 3:14-18).

Vemos que os amigos de Daniel foram respeitosos com o rei, só não permitiram que esse respeito corrompesse sua essência; em outras palavras, eles não se prostraram diante da imagem, mas não desrespeitaram a autoridade do rei. Quando falamos de respeito, precisamos entender que há muitas formas de se enxergar o mundo: na cabeça do rei Nabucodonosor, ele estava fazendo o certo; e quando os amigos de Daniel não o desrespeitaram, eles estavam mostrando maturidade emocional.

Quando aprendemos a respeitar, isso possibilita expor pensamentos e opiniões com tranquilidade, sem desprezar os pensamentos e sentimentos dos outros. Um exemplo bíblico disso é o amor que Deus tem com todos os seres humanos e seu desejo de que todos o reconheçam: "Senhor não demora em cumprir a sua promessa, como julgam alguns. Ao contrário, ele é paciente com vocês, não querendo que ninguém pereça, mas que todos cheguem ao arrependimento" (2Pedro 3:9).

Então por que Deus não força os seres humanos a reconhecê-lo como Senhor? Por respeito às decisões de cada um e por respeitar o livre arbítrio que temos. Se Deus nos respeita, podemos concluir que respeito deve ser um valor que precisamos carregar para se cumprir uma visão.

Empatia

Empatia significa a capacidade psicológica para sentir o que sentiria outra pessoa caso estivesse na mesma situação vivenciada por ela e consiste em tentar compreender sentimentos e emoções, procurando experimentar de forma objetiva e racional o que sente outro indivíduo. Quando penso em empatia, lembro-me de quando Jesus soube que seu amigo Lázaro havia morrido. Ele foi até a casa das irmãs de Lázaro e, mesmo sendo Deus, sabendo o que estava prestes a fazer, (isto é, ressuscitar seu amigo), ao encontrar uma das irmãs de Lázaro chorando, sua postura é a seguinte: "Ao ver chorando Maria e os judeus que a acompanhavam, Jesus agitou-se no espírito e perturbou-se. 'Onde o colocaram?', perguntou ele. 'Vem e vê, Senhor', responderam eles. Jesus chorou" (João 11:33-35).

Jesus chorou porque estava compartilhando da mesma dor que a irmã de seu amigo, e isso é muito sério, pois uma pessoa que tem uma visão precisa estar sensível às pessoas ao seu redor, e essa sensibilidade deve levá-lo a ações.

Lembro-me de uma situação em que a tia muito querida de um grande amigo faleceu. Na época, eu trabalhava em uma empresa e pedi ao meu chefe para sair mais cedo. Quando cheguei ao velório, não disse nada, apenas abracei meu amigo e ficamos ali um bom tempo. Eu nem conhecia a tia dele, mas sabia o quão importante seria minha presença ali.

Durante a caminhada para o cumprimento de sua visão, você encontrará diversas pessoas nas quais sua empatia e sensibilidade o ajudarão a criar vínculos e alianças inquebráveis — por exemplo, minha amizade com esse amigo sobre o qual testemunhei já dura quase 30 anos. O problema de muitas pessoas é passar por cima dos sentimentos alheios, esquecendo-se de que por trás de um cargo e de uma função há um ser humano, por isso acredito que a empatia é um valor que precisamos carregar.

Autoconfiança

Falarei mais sobre esse assunto no próximo capítulo, mas quero abordar o fato de que, se você não acreditar e não for fiel no que há em seu coração, jamais conseguirá cumprir uma visão. Acredito que toda visão será maior que nossas condições, tanto financeiras quanto humanas, e digo isso porque sei que Deus, ao dar uma visão, também dá a capacitação para esse cumprimento. Contudo, creio que essa capacitação precisará ser acessada e, se você não acreditar que é capaz de superar os desafios que essa visão lhe impõe, nunca acessará a capacidade que Deus colocou dentro de você.

Autoconfiança é um valor imprescindível para o cumprimento de uma visão. José acreditou em seu sonho, assim como Davi, e tantos outros também olharam para uma visão e disseram: "Pode ser difícil, mas iremos alcançá-la!".

Caráter

Dwight Moody disse: "Caráter é o que você é no escuro, quando não há ninguém olhando". Quando temos uma visão, nossa vida precisa demonstrar nosso caráter em ação, caráter este que tem a ver com maturidade moral e significa fazer o que é certo e vencer batalhas internas entre o que se quer fazer e o que se deve fazer.

Tenho aprendido que a parte difícil da vida não é saber qual a coisa certa a fazer, mas sim fazê-la, por isso o caráter tem de ser um valor em nossa vida. Mas vale ressaltar que o caráter é uma questão de escolha e que todos os dias fazemos centenas de escolhas ligadas ao caráter, como ser respeitoso ou desrespeitoso; paciente ou impaciente; gentil ou indelicado; humilde ou arrogante; sincero ou falso.

Você e eu somos criaturas de hábitos, e nossas escolhas diárias formam nossos hábitos — em outras palavras, nossas escolhas nos tornam quem somos, por isso o caráter é um valor que precisamos carregar em nossas vidas.

Compromisso

Certa vez, li um texto sobre compromisso escrito por um sábio fazendeiro. "Há uma grande diferença entre estar envolvido e comprometer-se com algo. Da próxima vez que estiver comendo bacon com ovos, pense nisto: a galinha se envolveu, mas o porco comprometeu-se com o prato".

O comprometimento com sua visão ditará quão aberto você estará para duas coisas: **crescimento contínuo** e **excelência**, visto que demonstramos compromisso por meio da nossa excelência e da disposição permanente de mudar, crescer e se aprimorar.

> O comprometimento com sua visão ditará quão aberto você estará para duas coisas: **crescimento contínuo** e **excelência**.

A melhor maneira de destruir uma ótima visão é tolerar a mediocridade em sua própria vida, por isso, esse compromisso nos move a se abrir para ouvir verdades e a ouvir *feedbacks* de melhoria — vimos esse assunto no capítulo "A visão determina seu nível de humildade". Com relação à sua visão, responda para si mesmo: você tem um compromisso com ela, ou está apenas envolvido?

Responsabilidade

Esse valor é essencial e valida o último, pois só posso ter compromisso com uma visão quando adquiro responsabilidade, lembrando que esta não pode ser delegada nem ser deixada de lado. A pergunta então é a seguinte: quando notamos que um líder é ou não responsável? Nos momentos de crises.

Geralmente, em períodos de crises as pessoas que desistem falham com suas responsabilidades, dão desculpas por sua falta de responsabilidade ou demoram para adquirir responsabilidade. A responsabilidade com seus compromissos fará com que você acorde um dia, assim como José, e veja que Deus foi fiel para cumprir o que lhe havia prometido. Por esse motivo, acredite e tenha em mente que seus valores determinarão seu estilo de vida; por isso, ela não pode ser incoerente com sua visão.

capítulo | **20** |

A VISÃO DETERMINA O
Xadrez DE SUA VIDA

Nesta letra, quero mostrar, de uma maneira resumida, como funciona o jogo de Xadrez. Ele é disputado em um tabuleiro de 64 casas, em que existem dois exércitos, um de cada cor, e tem como objetivo dar xeque-mate no rei adversário. Para isso, é preciso estratégias para defender seu rei e atacar as peças e o rei adversário — na realidade, você precisa vencer a batalha e proteger o Rei.

Quero então voltar ao assunto: lealdade, fidelidade e honra. Todos nós, durante o percurso de nossas vidas, teremos reis sobre nós, ou seja, uma autoridade. E a Bíblia nos aconselha quanto a isso: "Todos devem sujeitar-se às autoridades governamentais, pois não há autoridade que não venha de Deus; as autoridades que existem foram por ele estabelecidas" (Romanos 13:1). Por maior que seja o cargo de uma pessoa, sempre haverá alguém sobre ele, sendo Deus a autoridade máxima, pois é ele que move os corações dos reis para onde bem entende: "O coração do rei é como um rio controlado pelo SENHOR; ele o dirige para onde quer" (Provérbios 21:1).

Se Deus tem o controle em suas mãos, sabemos que ele permite líderes em nossas vidas; isso é bem sério, pois o sucesso da nossa visão está intimamente ligado à forma como lidamos com essas autoridades. Observe a passagem a seguir:

> José havia sido levado para o Egito, onde o egípcio Potifar, oficial do faraó e capitão da guarda, comprou-o dos ismaelitas que o tinham levado para lá. O Senhor estava com José, de modo que este prosperou e passou a morar na casa do seu senhor egípcio. Quando este percebeu que o Senhor estava com ele e que o fazia prosperar em tudo o que realizava, agradou-se de José e tornou-o administrador de seus bens. Potifar deixou a seu cuidado a sua casa e lhe confiou tudo o que possuía. Desde que o deixou cuidando de sua casa e de todos os seus bens, o Senhor abençoou a casa do egípcio por causa de José. A bênção do Senhor estava sobre tudo o que Potifar possuía, tanto em casa como no campo. Assim, deixou ele aos cuidados de José tudo o que tinha, e não se preocupava com coisa alguma, exceto com sua própria comida. José era atraente e de boa aparência, e, depois de certo tempo, a mulher do seu senhor começou a cobiçá-lo e o convidou: "Venha, deite-se comigo!" Mas ele se recusou e lhe disse: "Meu senhor não se preocupa com coisa alguma de sua casa, e tudo o que tem deixou aos meus cuidados. Ninguém desta casa está acima de mim. Ele nada me negou, a não ser a senhora, porque é a mulher dele. Como poderia eu, então, cometer algo tão perverso e pecar contra Deus?" (Gênesis 39:1-10)

A grande lição que podemos tirar desse texto é que lealdade é consequência de fidelidade, e fidelidade é consequência de honra — é uma crescente. Mas o que é fidelidade? Fidelidade é a habilidade de fazer o que você combinou e ser íntegro para cumprir seu acordo — em outras palavras, quando você cumpre o que promete, isso o torna fiel, ou seja, ser fiel é fazer sua obrigação.

Quando você casa e assina um papel prometendo ser fiel, ao cumprir o que está assinado, você está praticando a fidelidade; o mesmo acontece quando você assina um contrato: ao cumpri-lo, isso o torna fiel.

A lealdade já é diferente, pois não está vinculada ao acordo, e sim a uma atitude de coração, e significa que aquilo que está no meu coração vai falar mais alto do que aquilo que está escrito. Lealdade tem a ver com o que está além do acordo, e, quando se entende lealdade e fidelidade, conseguimos entender a honra, e toda honra trará benefícios.

No texto que lemos, vemos que José tinha uma honra incrível a Deus e também pela própria vida. Ele nasceu com a graça de um propósito, e a graça de Deus gera sonhos, perseguição e confronto. Deus sempre dará uma visão e um sonho, mas a honra, a lealdade e a fidelidade nós que temos que cultivar.

A vida de José parece uma novela, isto é, bonita de se contar, mas dificílima de viver, uma vez que ele, desde o início de sua existência, teve de administrar a mordomia em sua vida — a primeira mordomia que ele teve que administrar foi com relação a seus relacionamentos.

Mordomo é um bom administrador, e José teve várias situações contrárias à visão que havia tido: foi traído por seus irmãos e, mais à frente, traído pela mulher de seu patrão, mas, em ambos os lugares, tanto no poço quanto na prisão, ele teve de administrar seus sentimentos, principalmente o sentimento de vingança ou de justiça própria. Em sua mente, passava mais ou menos assim: "O que meus irmãos fizeram não pode mudar quem eu sou".

Temos visto que pessoas que guardam mágoas geralmente mudam quem são dependendo do que fazem a elas. Nesse sentido, a lealdade entra quando sou capaz de não retribuir o mal com o mal, ou seja, não vou mudar quem eu sou por causa do que fizeram comigo porque sou leal a quem eu sou e ao que Deus colocou dentro de mim.

José era tão leal a Deus que conseguiu não guardar mágoas de seus irmãos e também tão curado que não trouxe para casa de Potifar o que havia acontecido em sua própria casa, isto é, não levou para seu relacionamento com seu patrão as desavenças de seus irmãos. José me ensinou que um coração sarado jamais se sente ameaçado.

Tenha em mente o seguinte: ninguém tem o poder de tocar em suas emoções ou mudar quem você é a não ser que você permita; então, se as dificuldades mudaram você, é porque você deu à pessoa que causou a dificuldade o direito de magoá-lo; todavia, tenha sempre em mente o seguinte: o que as pessoas fazem não podem mudar quem você é.

> **José me ensinou que um coração sarado jamais se sente ameaçado.**

Mais adiante, vemos que José foi preso injustamente por causa da má conduta da mulher de seu patrão, porém, mais uma vez ele não levou para a cadeia o que havia acontecido dentro da casa de Potifar — em outras palavras, nada que as pessoas faziam para ele mudava quem ele era, porque ele era leal a Deus, a si mesmo e aos relacionamentos. José chegou à cadeia curado, e, como já mencionamos aqui, um coração curado não se sente ameaçado. Ele entendeu que o cumprimento de sua visão dependeria da lealdade que deveria ter em cada situação pela qual viesse a passar e só experimentou o êxito em sua vida porque não deixou que as atitudes da sua família mudassem quem ele era. Isso nos ensina que, se o que fazem a você tem o poder de mudá-lo, então nunca verá sua visão se cumprir.

José chegou bem à prisão porque não permitiu que as atitudes da mulher do patrão mudassem quem ele era; e o mais importante nessa situação é que Deus estava vendo tudo isso. Um detalhe importante a ser escrito aqui é que a deslealdade das pessoas não pode mudar quem você é e nem permitir que você seja desleal à sua autoridade.

A Bíblia mostra como Deus era com José. Isso me mostra que, quando temos um coração curado, Deus pode nos abençoar tremendamente, o que nos leva a concluir que lealdade é uma decisão que traz muitos benefícios.

José também teve de aprender a ser mordomo das oportunidades. E, como temos aprendido, Deus abre portas, mas jamais tirará as adversidades que essas portas possuem, pois elas terão de ser vencidas por cada um de nós.

Quero finalizar com uma experiência pessoal: certa vez, em um seminário, meu amigo, Pr. Djalma Toledo, comentou sobre as três portas que sempre encontraremos na vida:

A primeira é a porta da nossa casa, da qual só nós temos a chave; algumas coisas em nossas vidas só abrirão quando usarmos essa chave, ou seja, se não fizermos nossa parte, nada irá acontecer. Por exemplo, se uma pessoa não consegue administrar seu próprio salário, ela está sendo desleal consigo mesma, pois essa é a porta da sua casa e você é o único que tem a chave para abri-la.

José soube entrar por essa porta, e, sempre que foi necessário, ele fez com excelência. Ele pensava assim: "Tudo o que me vier à mão, de maneira nenhuma lançarei fora". José recebeu a oportunidade de ser o filho querido e fez bom uso disso; depois, recebeu a oportunidade de estar na casa de Potifar e fez bom uso disso; ele também recebeu a oportunidade de estar na prisão e fez bom uso disso; ao final, recebeu a oportunidade de governar o Egito e também fez bom uso disso. Agora, responda para si: você tem sido leal com a porta da sua casa? Tem feito o melhor com as situações que chegam à sua vida?

A segunda é a porta dos relacionamentos, a porta que Deus usará pessoas para abrir. Nesse caso, não tem a ver com o que você faz, e sim com o que Deus faz, levantando pessoas para serem leais a você. Entenda que sua lealdade ativa a lealdade de alguém, e tudo de que precisamos está nas mãos das outras pessoas. O problema é que, muitas vezes, acabamos fechando as portas dos relacionamentos, por exemplo, quando não somos leais a nós — em outras palavras, a maioria das portas que não se abrem é porque não valorizamos as pessoas que Deus coloca em nossas vidas.

Então, este é o momento em que você deve refletir sobre o seguinte: como você tem tratado os relacionamentos que chegam à sua vida? Já dissemos que a qualidade de sua vida depende de quem você chama de amigo, e agora quero reforçar essa ideia dizendo o seguinte: a primeira chave é minha e eu tenho que ser leal às oportunidades que chegam até a minha mão; já a segunda chave está não mão de outras pessoas e alguém vai abrir a porta para mim.

A terceira porta é como se fosse a de um avião que ganha os ares (pois o céu é o limite). Essa é a porta que só Deus pode abrir, mas ela só se abre quando você aprende a usar as duas primeiras. Quando aprendemos a fazer nossa parte e a sermos leais aos relacionamentos, Deus então faz o que ninguém pode fazer. Sendo assim, se você deseja ver sua visão se tornando realidade, aprenda a ser leal a Deus, a você e a seus relacionamentos, pois isso fará com que um dia sua visão se torne realidade, assim como José pôde ver em sua vida.

Quero terminar dizendo que a lealdade, a fidelidade e a honra são tão importantes que jamais alguém verá uma visão se cumprir se não estiver praticando essas três atitudes. Portanto, quando aprendemos a ser leais, estamos com isso honrando a confiança que nossos líderes colocaram sobre nós e, assim, poderemos, como no Xadrez, vencer o jogo, protegendo aquele que está sobre nós.

capítulo | **21** |

A VISÃO DETERMINA SEU RELACIONAMENTO COM **YAHWEH**

Yahweh é o nome de Deus em hebraico usado no Antigo Testamento, e quero, neste capítulo, entrar em algo muito pessoal. Durante todo o livro, comentamos sobre lições de liderança que estão nas páginas da Bíblia, e eu realmente acredito que Deus é a maior autoridade no mundo, que céus e terra foram criados pelo poder de **sua Palavra**; nada foi formado sem sua intervenção.

> Deus é a maior autoridade no mundo, céus e terra foram criados pelo poder e nada foi formado sem sua intervenção.

Pare e analise o ser humano e sua complexidade: tudo em um corpo humano foi detalhadamente pensado e desenhado; quando olhamos para a natureza, para a fauna e para a flora (meu Deus!), como não nos maravilharmos com tudo que existe? Quem não fica admirado diante do pôr do sol? Quantos não ficaram horas admirando o mar e sua imensidão? No livro de Provérbios, vemos a sabedoria se pronunciando acerca das grandezas de Deus:

> O Senhor me criou como o princípio de seu caminho, antes das suas obras mais antigas; fui formada desde a eternidade, desde o princípio, antes de existir a terra. Nasci quando ainda não havia abismos, quando não existiam fontes de águas; antes de serem estabelecidos os montes e de existirem colinas eu nasci. Ele ainda não havia feito a terra, nem os campos, nem o pó com o qual formou o mundo. Quando ele estabeleceu os céus, lá estava eu; quando traçou o horizonte sobre a superfície do abismo, quando colocou as nuvens em cima e estabeleceu as fontes do abismo, quando determinou as fronteiras do mar para que as águas não violassem a sua ordem, quando marcou os limites dos alicerces da terra, eu estava ao seu lado, e era o seu arquiteto; dia a dia eu era o seu prazer e me alegrava continuamente com a sua presença (Provérbios 8:22-30).

E, também: "Quando contemplo os teus céus, obra dos teus dedos, a lua e as estrelas que ali firmaste, pergunto: Que é o homem, para que com ele te importes? E o filho do homem, para que com ele te preocupes?" (Salmo 8:3-4)

Em outras palavras, como não ficar admirado diante de um Deus como esse? A questão é que esse grande Deus está acessível a pessoas como nós: "Muitos são os planos no coração do homem, mas o que prevalece é o propósito do Senhor" (Provérbios 19:21).

Acredito que cada um de nós pode escolher o que quiser em nossas vidas, e nada (nem ninguém) nos obrigará a fazer algo que não queiramos; todavia, seremos julgados por Deus por conta do caminho que escolhermos: "Alegre-se, jovem, na sua mocidade! Seja feliz o seu coração nos dias da sua juventude! Siga por onde seu coração mandar, até onde a sua vista alcançar; mas saiba que por todas essas coisas Deus o trará a julgamento" (Eclesiastes 11:9).

Creio que um dia Deus nos perguntará: "Filho, o que você fez com o propósito que eu tinha para sua vida? O que você fez com a visão que coloquei dentro do seu coração? O que você fez com esse sonho?". Muitos olharão e darão as mais diversas desculpas. Não estou aqui para acusá-lo, mas, particularmente, não quero ter que dar desculpas para uma resposta tão simples. E por que digo simples? Porque Deus jamais dará um sonho e uma visão que não possam ser acessados, contudo, precisamos entender que, mesmo estando acessível, essa visão não virá de "mão beijada", ou seja, de uma maneira simples e que não exija de nós que a busquemos:

> "Porque sou eu que conheço os planos que tenho para vocês", diz o Senhor, "planos de fazê-los prosperar e não de lhes causar dano, planos de dar-lhes esperança e um futuro. Então vocês clamarão a mim, virão orar a mim, e eu os ouvirei. Vocês me procurarão e me acharão quando me procurarem de todo o coração. Eu me deixarei ser encontrado por vocês", declara o Senhor, "e os trarei de volta do cativeiro. Eu os reunirei de todas as nações e de todos os lugares para onde eu os dispersei, e os trarei de volta para o lugar de onde os deportei", diz o Senhor" (Jeremias 29:11-14).

Todos queremos ter a sorte mudada e ver Deus agindo em nossas vidas, contudo, nem todos queremos pagar o preço de buscá-lo de todo o coração. Tenho visto Deus mudar minha sorte, mas também tenho visto o preço que tenho pago para cavar cada vez mais na direção de sua vontade em minha vida. Como já lhe falei, anos atrás me recomendaram a leitura do livro *Andando no Espírito, andando no poder*, de Dave Roberson, o qual aborda a importância e o impacto da oração na vida das pessoas. Depois da leitura, decidi colocar em prática o que havia aprendido; porém, no primeiro ano, não vi nada diferente acontecer, mas, no segundo ano, já comecei a ver algumas coisas. Mas no terceiro ano (meu Deus!), minha vida mudou radicalmente. E aqui preciso ressaltar algumas coisas: como você viu, eu disse "três" anos, ou seja, não foi no primeiro mês, nem no segundo... o problema é que muitos se cansam de buscar o senhor porque a resposta não é imediata.

Durante alguns momentos difíceis por que passei, aprendi que, antes de qualquer agir de Deus, ele sempre nos fará passar por situações difíceis, para nos preparar para seus sonhos; antes de todo "sim", ouviremos muitos "nãos" de sua parte, e não estou dizendo que foram momentos fáceis, mas foram momentos decisivos, uma vez que Deus usou aquelas situações para me desmontar por dentro e me fazer entender o quão despreparado estava para o que ele tinha para minha vida.

Outro ponto é que Deus mudou radicalmente minha vida: o detalhe é que eu já era um pastor, já o amava, e já tinha vivenciado a restauração dele em meu casamento e em minhas finanças. Então, o que mudou? A visão que Deus havia colocado dentro de mim explodiu de uma maneira mais clara na minha frente; na verdade, vi como se tivesse descoberto outra pessoa dentro de mim, uma vez que sequer imaginava que um dia faria desenhos para crianças, que ensinaria sobre liderança, que escreveria livros nem que escreveria músicas; mas tudo isso já estava dentro de mim, o que ocorreu foi que tudo isso veio para fora quando buscava a Deus.

Eis a grande questão: uma vez que essa visão veio para fora, eu teria que saber como realizar cada parte dela, por isso, em vez de me acomodar apenas com a grande visão que surgiu, precisei me dedicar cada vez mais ao relacionamento com Deus.

Eis aqui uma máxima: "Quanto mais alto chegarmos, mais de joelhos precisamos caminhar", e isso tem a ver com uma vida dependente de Deus. Observe todos os líderes sobre os quais a Bíblia comenta; ela mostra que aqueles que dependeram de Deus tiveram êxitos, mas aqueles que quiseram fazer com sua própria força e que agiram de forma independente perderam o foco e não conseguiram cumprir a visão em sua totalidade.

> **Eis aqui uma máxima: "Quanto mais alto chegarmos, mais de joelhos precisamos caminhar".**

O primeiro líder foi Adão, que tinha tudo para ser bem-sucedido, tendo em vista que não havia maldade na terra, ou seja, bastava que ele obedecesse ao Senhor que tudo lhe iria bem. Em certo momento, em vez de consultar ao Senhor, ele preferiu agir na sua própria força e fez a única coisa que não deveria fazer. Resultado? Adão comeu o fruto da árvore que o Senhor havia dito que não comesse e, assim, perdeu o jardim. Ele tinha uma visão e uma missão, que era cuidar do jardim, mas sua independência de Deus o fez perder essa visão e missão.

Logo em seguida, vemos a vida de Noé, para quem Deus também deu uma grande visão: construir uma arca em uma época em que nem chuva havia caído ainda na terra. Noé tinha uma grande missão pela frente, e essa visão e missão fizeram com que Noé dependesse cada vez mais do Senhor. Qual foi o resultado? Sua dependência e coerência fizeram com que ele e sua família fossem salvos do dilúvio.

Em seguida, vemos Abraão, um homem que, desde o início, provou uma fé sobrenatural ao ponto de sair (somente por obediência) de uma terra onde já era próspero para ir a uma terra que nem conhecia. A dependência e fé de Abraão fizeram com que todas as promessas de Deus se cumprissem em sua vida, chegando ao ponto de ter um filho mesmo estando em uma idade avançada.

Vamos avançando na história e chegamos até José, que foi muito mencionado no decorrer deste livro. Certo dia, José teve uma visão e um sonho, e sua dependência de Deus o fez viver esse tão grande sonho. Em nenhum momento ele abriu mão da sua confiança em Deus, mesmo quando tudo ao seu redor dizia o contrário. Isso me ensina que para Deus não há impossíveis, e também que as grandes aventuras de Deus e seus maiores sonhos só estão esperando encontrar corações dispostos a acreditar e a se jogar nessa aventura.

Chegamos, então, a Moisés. Um homem com dificuldades na fala que, ao tentar fazer a coisa certa no momento errado, teve de fugir da sua terra. Esse homem tinha um grande desafio: fazer um povo acostumado com a escravidão sair dessa situação e conquistar uma nova terra. Percebemos bem o título deste capítulo na vida do povo de Israel, pois sua visão determinará seu relacionamento com Deus. Moisés não entrou na terra prometida, mas a viu de longe:

> Então, das campinas de Moabe Moisés subiu ao monte Nebo, ao topo do Pisga, em frente de Jericó. Ali o Senhor lhe mostrou a terra toda: de Gileade a Dã, toda a região de Naftali, o território de Efraim e Manassés, toda a terra de Judá até o mar ocidental, o Neguebe e toda a região que vai do vale de Jericó, a cidade das Palmeiras, até Zoar. E o Senhor lhe disse: "Esta é a terra que prometi sob juramento a Abraão, a Isaque e a Jacó, quando lhes disse: Eu a darei a seus descendentes. Permiti que você a visse com os seus próprios olhos, mas você não atravessará o rio, não entrará nela" (Deuteronômio 34:1-4).

Da geração que havia saído do Egito, apenas duas pessoas entraram na terra. Josué e Calebe. Qual era o diferencial da vida deles? Eles sempre acreditaram em seu líder e sempre estiveram perto de Deus. Em certa ocasião, o povo não quis subir ao monte para falar com Deus:

> Vendo-se o povo diante dos trovões e dos relâmpagos, e do som da trombeta e do monte fumegando, todos tremeram assustados. Ficaram a distância e disseram a Moisés: "Fala tu mesmo conosco, e ouviremos. Mas que Deus não fale conosco, para que não morramos" (Êxodo 20:18-19).

Enquanto o povo tinha medo de subir e falar com Deus, pois sabia que toda vez que se aproximassem dele alguma coisa terrena teria que morrer, Josué vivia ao lado da tenda: "O Senhor falava com Moisés face a face, como quem fala com seu amigo. Depois Moisés voltava ao acampamento; mas Josué, filho de Num, que lhe servia como auxiliar, não se afastava da tenda" (Êxodo 33:11). Aqui, vemos que o relacionamento de Josué e Calebe com Deus e o respeito por Moisés fizeram com que apenas os dois da primeira geração pudessem entrar na terra prometida; em outras palavras, só os dois viram a promessa virando realidade.

Depois de Josué assumir o lugar de Moisés, ele também faleceu e Deus levantou juízes para guiar o povo. Foram muitos os juízes, e, dependendo do relacionamento que esse juiz tinha com Deus, ou o povo perecia ou vencia diante dos inimigos. Chegou ao ponto de Deus levantar um homem chamado Sansão, uma pessoa com uma missão e um grande talento, mas que jamais viveu seu chamado, pois passou a vida utilizando apenas seu talento.

Em vez de unir seu chamado e seu talento a um relacionamento de dependência de Deus, ele sempre agiu de "cabeça quente", jamais parou para buscar os conselhos do Senhor e sempre agiu conforme sua própria vontade. A consequência foi que Sansão morreu muito antes do tempo e de uma maneira trágica.

Existem muitos líderes na Bíblia cujas histórias poderíamos estudar, mas vamos falar sobre a vida de Jesus, um homem que veio para uma missão, que estava ao lado de Deus na criação do mundo e que esteve presente em todo o agir do Senhor desde o começo. Quando veio à terra, sua missão era resgatar a aliança do homem com Deus, que se havia perdido, e, mesmo sendo Deus, mesmo tendo todo o poder, a Bíblia nos relata que ele escolheu obedecer: "Embora sendo Filho, ele aprendeu a obedecer por meio daquilo que sofreu" (Hebreus 5:8); "Jesus lhes deu esta resposta: 'Eu lhes digo verdadeiramente que o Filho não pode fazer nada de si mesmo; só pode fazer o que vê o Pai fazer, porque o que o Pai faz o Filho também faz'" (João 5:19).

Jesus, mesmo sendo Deus, aprendeu a ter um relacionamento de dependência com o Pai.

Jesus, por causa de sua obediência e dependência de Deus, venceu a morte, o mundo e fez tudo o que deveria ter feito, ou seja, morreu vazio e colocou para fora tudo que Deus havia colocado dentro dele. Uau! É sobre isto que estou falando: quando nosso relacionamento com Deus é baseado na obediência e na dependência, não viveremos apenas nessa terra, mas cumpriremos um propósito, e uma pessoa só se sentirá realizada na vida quando cumprir esse propósito. Esse é o motivo pelo qual muitas pessoas até têm um certo sucesso na vida, mas não se sentem realizadas, pois a realização está ligada diretamente ao cumprimento de um propósito, e o cumprimento de um propósito está completamente ligado ao relacionamento que temos com Deus.

Se você é uma pessoa que tem esse relacionamento, parabéns! Você está no caminho correto, então, só não deixe a chama se apagar, pois, quanto mais você buscar a Deus, mais claro ficará esse caminho rumo à realização de uma missão.

Se até aqui você tem vivido uma vida baseado na sua própria força, vale a pena refletir sobre tudo o que vimos e começar hoje um relacionamento pessoal com Deus. Se esse é o desejo do seu coração, repita as palavras a seguir: *Senhor, peço perdão pela minha independência de ti e reconheço que o Senhor Jesus é o filho do Deus vivo; assim, entrego a ti meu coração, minha vida e todo o meu futuro, e peço que me ajudes a cumprir o propósito para o qual eu nasci. Em nome de Jesus, amém!"*

capítulo | **22** |

A VISÃO DETERMINA SUA
Zona de atuação

Chegamos à última letra do alfabeto da liderança. Fizemos uma jornada percorrendo cada letra, vendo como a visão tem o poder de determinar áreas específicas em nossas vidas. Não adianta entender que a visão tem o poder de impactar cada letra se insisto em praticar no lugar errado aquilo que aprendi. Não são raras as vezes em que vemos uma pessoa com grande visão tentando chamar a atenção de quem não lhe dá importância. É preciso investir seu tempo em quem realmente está interessado em ouvir e aprender.

Nossa visão é geográfica, ou seja, há um lugar reservado por Deus onde nossa visão não apenas será bem-vinda, como também será o marco de mudança na vida de muitas pessoas, por isso, não tente ser celebrado onde você é apenas tolerado.

Aprendi também que Deus criou os lugares antes de criar as pessoas, e na Bíblia percebemos nitidamente essa questão. Jonas foi enviado a Nínive; Abraão foi enviado a uma terra que ainda não conhecia; Rute deixou Moabe e seguiu sua sogra Noemi; Ester foi criada por Mordecai e, quando chegou a hora, Deus a levou até o palácio.

A zona de atuação tem um papel importante em toda história de sucesso, pois não podemos trabalhar na empresa errada, para o chefe errado, fazendo as coisas erradas por 44 horas semanais e ficar fazendo o seguinte questionamento: por que apenas duas horas por semana na igreja não estão mudando minha vida?

Onde estamos determina o que cresce em nós, se boas sementes ou ervas daninhas, se fortalezas ou fraquezas. Precisamos perceber isso, porque, dependendo de onde estivermos, até a conversa que temos mudará de tom. Precisamos entender duas questões: onde estamos determina o que vemos e, também, quem nos vê e o favor que chega até nós, pois a zona de atuação determina o fluxo de favores em nossas vidas. Esse é o motivo pelo qual devemos pedir a Deus que nos mostre onde ele nos quer diariamente, semanalmente e a toda hora, pois, quando estamos no lugar correto e com as pessoas certas, o nosso melhor aparece e o nosso pior morre. A Bíblia confirma essa ideia:

> Na cidade ou povoado em que entrarem, procurem alguém digno de recebê-los, e fiquem em sua casa até partirem. Ao entrarem na casa, saúdem-na. Se a casa for digna, que a paz de vocês repouse sobre ela; se não for, que a paz retorne para vocês. Se alguém não os receber nem ouvir suas palavras, sacudam a poeira dos pés quando saírem daquela casa ou cidade (Mateus 10:11-14).

Vemos que Jesus jamais ficou sedento pela aprovação dos fariseus, nem se moveu par atrair hipócritas; pelo contrário, ele gastava tempo com quem celebrava sua presença, independente de quem fosse. O desejo sempre determinava o acesso que Jesus dava à pessoa: as multidões estavam sempre presentes; muitas pessoas ajudavam em seu ministério; doze discípulos viajavam com ele; Pedro, Tiago e João eram mais próximos; mas apenas João deitava a cabeça em seu ombro.

Por isso, precisamos entender nossa zona de atuação, pois, se você não se enxergar como uma recompensa para alguém, acabará desprezando a visão que Deus tem lhe dado simplesmente porque as pessoas erradas não estão dando crédito a ela; em outras palavras, precisamos aprender a qualificar o solo ao nosso redor antes de plantar as sementes da nossa visão. Esse é o motivo pelo qual precisamos colocar em prática todas as letras do alfabeto da liderança, pois, sozinhos, não conseguiremos discernir o lugar certo para aplicarmos nossa visão.

Necessitamos de um relacionamento mais íntimo com Deus para que, aos poucos, ele vá nos mostrando cada passo que devemos dar. Nossa visão é como um quebra cabeça, porém, revelado peça a peça; ou seja, não saberemos de tudo de uma única vez, então, a obediência e a paciência são as chaves para a revelação desses lugares. A Bíblia conta uma história interessante sobre um homem chamado Filipe.

> Um anjo do Senhor disse a Filipe: "Vá para o sul, para a estrada deserta que desce de Jerusalém a Gaza" [...] E o Espírito disse a Filipe: "Aproxime-se dessa carruagem e acompanhe-a" [...] Filipe, porém, apareceu em Azoto e, indo para Cesareia, pregava o evangelho em todas as cidades pelas quais passava (Atos 8:26, 29, 40).

O Espírito foi revelando sequencialmente a Filipe o que fazer e, conforme ele dava passos em obediência, as direções iam se completando; com isso, entendemos que, quando aprendemos a obedecer nas pequenas coisas, grandes coisas começam a ser reveladas em nossas vidas: "O senhor respondeu: 'Muito bem, servo bom e fiel! Você foi fiel no pouco, eu o porei sobre o muito. Venha e participe da alegria do seu senhor!' (Mateus 25:21)

Aprendi, certa vez, que eu preciso estar sempre no último lugar que Deus me pediu para estar, para que assim ele possa completar o que tem falado. Se voltarmos a falar sobre José, fico imaginando se ele tivesse fugido da prisão; quando chegasse a hora de sua promoção, Deus iria buscá-lo lá naquele lugar por mais difícil que fosse; mas pense como a história teria sido escrita se José não estivesse ali.

Às vezes, é difícil permanecer no último lugar que Deus tem nos colocado, pois muitas vezes são lugares como a prisão de José, lugares isolados e com privações, mas tenha em mente que é exatamente ali que o Senhor irá procurá-lo no tempo da promoção, pois toda promoção de Deus exigirá um preço, e esse é o preço de aguardarmos a hora certa de sairmos dos lugares difíceis.

Quantos não entenderam isso e acabaram pegando atalhos, esquecendo-se de que a soma dos atalhos é muito maior do que o caminho correto. Olha para a história e veja como Deus agiu na vida do povo de Israel: ele usou uma nuvem para guiar Moisés, para que a busca deste por direções dos céus fosse diária. Isso nos mostra que, quando nos esquecemos de buscar a Deus diariamente, mais propícios estaremos de tomar as decisões erradas e sair da zona de atuação que Deus tem para nós. Isso me leva a entender que é o desejo de Deus que tenhamos total dependência do seu guiar diário.

Saiba que, por menor que seja uma instrução, ela sempre terá um propósito, e a obediência às pequenas instruções de Deus nos levará a ficar longe de lugares que não foram designados para nós e para nossa visão.

Jesus não ia para onde era solicitado, e sim para onde era desejado; portanto, você e eu não precisamos ficar em um lugar onde Deus não nos designou a estar. Mas esta é a grande questão aqui: geralmente, é muito mais fácil permanecer no lugar errado, porque nosso inimigo sabe que, ali, o poder e o impacto de sua visão serão limitados. Isso nos faz entender que normalmente o lugar mais difícil de se estar é o lugar onde mais daremos frutos.

Além disso, a força do nosso inimigo sempre será colocada no lugar da sua atuação. Vou explicar, mas, antes, veja o seguinte versículo: "Isaque formou lavoura naquela terra e no mesmo ano colheu a cem por um, porque o Senhor o abençoou. O homem enriqueceu, e a sua riqueza continuou a aumentar, até que ficou riquíssimo (Gênesis 26:12-13). Isaque prosperou na terra porque havia obedecido a Deus e não desceu ao Egito, que, na época, era o melhor lugar para se viver em um período de fome:

> Houve fome naquela terra, como tinha acontecido no tempo de Abraão. Por isso Isaque foi para Gerar, onde Abimeleque era o rei dos filisteus. O Senhor apareceu a Isaque e disse: "Não desça ao Egito; procure estabelecer-se na terra que eu lhe indicar. Permaneça nesta terra mais um pouco, e eu estarei com você e o abençoarei. Porque a você e a seus descendentes darei todas estas terras e confirmarei o juramento que fiz a seu pai, Abraão (Gênesis 26:1-3).

Isaque prosperou porque estava no lugar certo; não era o lugar mais fácil, mas era o lugar correto. Entretanto, o inimigo, ao perceber essa situação, criou situações adversas para que Isaque desanimasse com aquele lugar:

> O homem enriqueceu, e a sua riqueza continuou a aumentar, até que ficou riquíssimo. Possuía tantos rebanhos e servos que os filisteus o invejavam. Estes taparam todos os poços que os servos de Abraão, pai de Isaque, tinham cavado na sua época, enchendo-os de terra (Gênesis 26:13-15).

Mas Isaque não desistiu e voltou a cavar outros poços:

> Isaque reabriu os poços cavados no tempo de seu pai Abraão, os quais os filisteus fecharam depois que Abraão morreu, e deu-lhes os mesmos nomes que seu pai lhes tinha dado. Os servos de Isaque cavaram no vale e descobriram um veio d'água. Mas os pastores de Gerar discutiram com os pastores de Isaque, dizendo: "A água é nossa!" Por isso Isaque deu ao poço o nome de Eseque, porque discutiram por causa dele (Gênesis 26:19-20).

Você percebe que os inimigos usaram a contenda para tentar parar Isaque, e isso é bem interessante, pois muitos estão parando suas atividades ou perdendo o prazer de estar no lugar correto, na sua zona de atuação, por causa de contendas. Aqui, vou lhe dar um conselho: talvez esse possa ser um sinal de que você esteja no lugar correto. Pense nisso! Mas o inimigo não desiste: "Então os seus servos cavaram outro poço, mas eles também discutiram por causa dele; por isso o chamou Sitna" (Gênesis 26:21).

Se nosso inimigo perceber que a contenda não para você, então ele usará o significado de Sitna (inimizade, ódio e acusação), e isso acontece quando, de repente, você começa a ser odiado por pessoas que nem conhece direito, quando percebe que nem todo mundo é seu amigo e começa a receber acusações infundadas, tudo isso para tentar roubar sua paz.

Perceba que Isaque sabia que não deveria abandonar o lugar para onde Deus o estava conduzindo: "Isaque mudou-se dali e cavou outro poço, e ninguém discutiu por causa dele. Deu-lhe o nome de Reobote, dizendo: 'Agora o SENHOR nos abriu espaço e prosperaremos na terra'" (Gênesis 26:22).

Quando chegaram a Reobote, ele entendeu que ali seria o lugar de descanso e de prosperidade, ou seja, Isaque não deixou de acreditar na promessa de Deus nem que o lugar indicado pelo Senhor seria o lugar certo. Ele não permitiu que as dificuldades o afastassem do lugar correto de se estar, e esse foi o motivo de sua prosperidade.

Essa estratégia de nosso inimigo colocar empecilhos no lugar correto já é antiga — vemos isso desde o Jardim do Éden. Esse Jardim era a Zona de Atuação de Adão, mas ali existia uma serpente que não descansou até que ele fosse tirado de sua zona de atuação.

Tenho aprendido que nosso inimigo não tem poder de nos mover de posição, mas tentará fazer com que saiamos desse lugar, e isso se torna o maior perigo, pois, quando você sai do lugar de atuação, deixa de abençoar as pessoas que ali estão e que foram designadas a ouvi-lo. Com isso, você acaba se aproximando de pessoas que não darão a mínima para você e para sua missão.

Aqui, é importante que você entenda algo: nem todo mundo precisa de você; isso significa que, assim como há quem não precise, também há aqueles que precisam muito do que você recebeu de Deus; ou seja, alguém precisa de você, e o Espírito Santo sabe exatamente onde essa pessoa está, portanto, aprenda a não olhar para as dificuldades presentes apenas como sinal de mudança de posição, e as enxergue como sinal de que esse, talvez, seja o lugar certo, o lugar onde seus frutos vingarão e onde sua visão sairá do papel e você encontrará um ótimo solo para multiplicar. Sendo assim, aprenda a esperar o tempo de tudo e tenha sensibilidade para entender as direções que Deus tem para você nas mínimas coisas.

Para terminar, preciso lhe contar uma experiência muito forte que tive com Deus. No natal de 1997, estava passando uma grande dificuldade em Ponta Grossa quando resolvi voltar para São Paulo para tentar melhorar minha vida financeira. Certo dia, estava terminando um desenho quando veio a imagem da Viviane na minha mente e uma voz me disse em meu interior: "Volte para Ponta Grossa, pois você se casará com ela". Isso foi tão forte que no outro dia peguei minhas coisas e voltei para lá.

Pouco tempo depois, começamos a namorar e, um ano e meio depois, casamos. Não tenho dúvida de que foi Deus quem me deu aquela visão, pois hoje, enquanto escrevo esse livro, já faz 19 anos que estamos casados. O maior detalhe é que ainda estamos apaixonados e fazemos diversas coisas juntos.

Tudo isso poderia não estar acontecendo se eu não tivesse aprendido a ser sensível às pequenas direções de Deus na minha vida, direções que tomaram grandes proporções e, hoje, podemos ver que tudo o que está acontecendo é porque não abandonamos nossa zona de atuação. Este é o poder de uma visão: fazer o que é o certo, no tempo certo e no lugar correto.

| **C**onsiderações finais |

Durante todo este livro, pudemos ver a importância de se ter uma visão e saber para onde estamos indo. Uma vez que você entende que essa visão está no Deus que o criou, precisa tomar duas atitudes: mergulhar em um relacionamento com ele e permitir que essa visão determine o alfabeto da sua liderança.

Existem diversos assuntos que podemos incluir em cada letra, mas creio que, antes de partir para outros estudos, a principal tarefa é colocar em prática cada lição e princípio aprendidos. Então, sempre que puder, volte a cada letra e a estude. Para facilitar a lembrança, vou relacioná-las aqui:

A	A visão determina suas **amizades**.
B	A visão determina sua **biblioteca**.
C	A visão determina sua **conduta**.
D	A visão determina sua **disciplina**.
E	A visão determina seu **estado emocional**.
F	A visão determina sua **fidelidade ao propósito**.
G	A visão determina seu nível de **gratidão**.
H	A visão determina seu nível de **humildade**.
I	A visão determina sua **inteligência emocional**.

J	A visão determina seu **jantar**.
K	A visão determina o nível de **(K) potássio** em sua vida.
L	A visão determina seu **legado**.
M	A visão determina a **maturidade** diante da sua **missão**.
N	A visão determina o **Norte** de sua vida.
O	A visão determina sua **opinião** e sua **originalidade**.
P	Toda visão vem de um **propósito**, que tem um **processo** e exige nossa **participação**.
Q	A visão determina sua **qualidade** de vida.
R	A visão determina seus **resultados**.
S	A visão determina sua **saúde mental**.
T	A visão determina o **tempo** investido em seu **talento**.
U	A visão determina sua **utilidade**.
V	A visão determina sua **vida útil**.
W	A visão determina sua **vida** e seus **valores**.
X	A visão determina o **xadrez** de sua vida.
Y	A visão determina seu relacionamento com **YAHWEH**.
Z	A visão determina sua **zona de atuação**.

Espero que este livro possa ter sido útil à sua vida e que juntos possamos alcançar nosso potencial máximo em Deus. Que ele continue abençoando você!

Até a próxima,
Marcelo Bigardi

Este livro foi impresso em 2019, pela Edigráfica,
para a Thomas Nelson Brasil. A fonte usada
no miolo é Crimson corpo 12.
O papel do miolo é Pólen soft 80 g/m².